Pe. TARCISIO STRAMARE, osj

Com São José, na estrada de Jesus

31 DIAS EM ORAÇÃO

Tradução:
Pe. Giovanni Battista Erittu, osj
Pe. Álvaro de Oliveira, osj

Revisão técnica:
Pe. Alberto Antonio Santiago, osj

EDITORA
SANTUÁRIO

DIREÇÃO EDITORIAL:
Pe. Fábio Evaristo Resende Silva, C.Ss.R.

CONSELHO EDITORIAL:
Ferdinando Mancilio, C.Ss.R.
José Uilson Inácio Soares Júnior, C.Ss.R.
Mauro Vilela, C.Ss.R.
Marcelo da Rosa Magalhães, C.Ss.R.
Victor Hugo Lapenta, C.Ss.R.

COORDENAÇÃO EDITORIAL:
Ana Lúcia de Castro Leite

REVISÃO TÉCNICA:
Pe. Alberto Antonio Santiago, osj

COPIDESQUE:
Bruna Vieira da Silva

REVISÃO:
Sofia Machado

DIAGRAMAÇÃO:
Junior Santos

TRADUÇÃO:
Pe. Giovanni Battista Erittu, osj
Pe. Álvaro de Oliveira, osj

Título original: *Il mese di marzo dedicato a san Giuseppe*
© Editrice Shalom, 2015
ISBN 9788884040992

Dados Internacionais de Catalogação na Publicação (CIP) de acordo com ISBD

S896c	Stramare, Tarcisio
	Com São José, na estrada de Jesus: 31 dias em oração / Tarcisio Stramare ; traduzido por Giovanni Battista Erittu, Álvaro de Oliveira. - Aparecida, SP : Editora Santuário, 2019 128 p. ; 14cm x 21cm.
	Tradução de: Il mese di marzo dedicato a san Giuseppe ISBN: 978-85-369-0580-8 ISBN: 978-65-5527-083-9 (e-book)
	1. Cristianismo. 2. São José. 3. Jesus. 4. Oração. I. Erittu, Giovanni Battista. II. Oliveira, Álvaro de. III. Título.
2019-167	CDD 240 CDU 24

Elaborado por Vagner Rodolfo da Silva - CRB-8/9410

Índice para catálogo sistemático:
1. Cristianismo 240
2. Cristianismo 24

4ª impressão

Todos os direitos em língua portuguesa reservados à **EDITORA SANTUÁRIO** – 2024

Rua Padre Claro Monteiro, 342 — 12570-045 — Aparecida-SP
Tel.: 12 3104-2000 — Televendas: 0800 016 00 04
www.editorasantuario.com.br
vendas@editorasantuario.com.br

Apresentação

Foi impresso, em Veneza, no ano de 1802, para uso de uma Confraria da Paróquia de Santo Agostinho, em Modena, um opúsculo intitulado *Il mese del Giglio, ossia il mese di giugno consacrato a san Giuseppe*. Excêntrico o mês escolhido, menos excêntrico o título. Todavia, foi o início de uma prática de piedade que foi se consolidando aos poucos e já ultrapassa duzentos anos.

De fato, Giuseppe Marconi publicou, em Roma, no ano de 1810, *Il mese di marzo consacrato al glorioso patriarca san Giuseppe*, edição esta que teve pleno sucesso também em outras línguas e consagrou-se como título e mês. A prática do **Mês de São José** foi, em seguida, aprovada e indulgenciada pelo papa Pio IX (27 de abril de 1865) e pelo papa Pio XI (21 de novembro de 1933). No dia 4 de fevereiro de 1877, o papa Pio IX permitia dar início ao mês de São José, nos dias 16 ou 17 de fevereiro.

A razão da atual publicação não é de acrescentar simplesmente um livro a mais à rica série de subsídios que já existem nesse campo. E muito menos substituí-los, uma vez que satisfazem a piedade dos fiéis.

Por que então um novo livro, que segue uma linha teológica, a qual poderia parecer esquisita ou mesmo ilusória a alguém?

Não se pode nem se deve ignorar o que o papa João Paulo II escreveu, em 1989, uma *Exortação apostólica sobre a figura e* a missão de São José na vida de Cristo e da Igreja. Intitulada "Redemptoris Custos" – O Guarda do Redentor – é endereçada, naturalmente, ao povo de Deus, desde os bispos até os fiéis leigos.

Trata-se de um documento muito importante, que faz parte do magistério pontifício e reconhece a São José uma tarefa especial no "Mistério da Encarnação e da Redenção".

De fato, São José não é apenas um santo no meio de tantos santos, mesmo sendo o maior, depois da Virgem Santíssima. Ele "tomou parte" na história da salvação, "chamado por Deus para servir diretamente à pessoa e à missão de Jesus, mediante o exercício de sua paternidade. Desse modo, precisamente, ele 'coopera no grande mistério da Redenção, quando chega a plenitude dos tempos', e é verdadeiramente 'ministro da salvação'" (n. 8).

Estamos na presença de uma autêntica *teologia de São José*, base doutrinária asseguradora de uma verdadeira devoção. Ela afirma, com clareza, no interior do mistério da encarnação e da redenção, a "parte" que São José teve nele, como "esposo" de Maria e "pai" de Jesus.

Matrimônio e paternidade – temas, mais do que nunca, atuais e urgentes – revelam, em São José, seus elementos fundamentais. Também *"os mistérios da vida oculta de Jesus",* confiados à "guarda fiel", de São José, emergem em sua luz plena como *"início de nossa redenção".*

Como é fácil compreender, aqui se enfrentam grandes problemas pastorais e doutrinais, que requerem estudo e cuidado, e que todos devem conhecer. A inclusão da *Exortação Apostólica Redemptoris Custos – O Guarda do Redentor –* (RC), no contexto e na linha das grandes encíclicas sobre a "Redenção", mostra claramente que São José é muito mais do que uma simples e "piedosa" presença dentro do *"devocionário popular".* A teologia e a catequese devem refletir sobre isso.

O caminho a ser percorrido – inteiramente "cristocêntrico" – exige um salto de qualidade na catequese e na homilética, com relativo esforço e compromisso. Esse será o "dom" principal a ser oferecido durante todo este mês.

Meditaremos, portanto, sobre a figura e a missão de São José na história da salvação, em relação tanto a Jesus quanto à Igreja. Ao final de cada reflexão, será apresentado um "testemunho", que corresponde ao tradicional e ao agradável "exemplo". Seguem, ainda, a "oferenda espiritual" e a "jaculatória".

Os "testemunhos" são extraídos da história do culto a São José e da vida dos santos, que se distinguiram pela devoção a São José e a promoveram com seu exemplo e com as instituições ainda hoje existentes.

A "oferenda espiritual" e a "jaculatória" propostas foram tiradas por inteiro das Sagradas Escrituras, em sintonia de ação e de oração com aquilo que Deus nos ensina por meio de sua palavra inspirada. Não faltam, todavia, outras orações já conhecidas e usadas em honra a São José, aprovadas pela Igreja e difundidas pela piedade dos fiéis, e que já fazem parte da prática do *Mês de Março em honra a São José*.

Abreviaturas

GS *Gaudium et Spes*, Constituição Pastoral do Concílio Vaticano II
RC Exortação Apostólica *Redemptoris Custos*, de João Paulo II

1º dia
A plenitude do tempo

Na Exortação Apostólica *O Guarda do Redentor*, nós lemos que São José tornou-se um depositário singular do mistério "escondido desde todos os séculos em Deus" (cf. Ef 3,9), como se tornara Maria, naquele momento decisivo que é chamado pelo Apóstolo *plenitude dos tempos*, quando "Deus enviou seu Filho, nascido de mulher... para resgatar os que se encontravam sob o jugo da lei e para que recebêssemos a adoção de filhos" (Gl 4,4-5). Esse texto é fundamental para entendermos a importância da figura e da missão de São José. Por essa razão, queremos examiná-lo cuidadosamente, pois contém expressões que, se por um lado são familiares aos especialistas na matéria, por outro são obscuras a quem não está acostumado com termos teológicos. De fato, quantas vezes nós ouvimos ler, na igreja, as duas passagens citadas nas cartas de São Paulo, chamado Apóstolo, aos Efésios e aos Gálatas! Mas quem pensa em São José e na parte que ele teve no grande acontecimento ao qual se refere São Paulo?

Costumamos ouvir dizer que, na Sagrada Escritura, nunca se fala de São José, com exceção das poucas linhas que encontramos nos evangelhos de Mateus e de Lucas. Não se pensa, evidentemente, que sua importância não está ligada tanto às palavras por ele pronunciadas, quanto aos fatos nos quais ele tomou parte. Esses fatos são chamados, por São Paulo, globalmente, de "mistério escondido por séculos na mente de Deus", para sublinhar sua origem divina. Em seguida, ele explica que se trata do "Filho de Deus", enviado por ele para conceder aos homens a adoção como filhos, depois de tê-los libertado do pecado. Aqui é revelada a finalidade da encarnação: tornarmo-nos *filhos no Filho*. Por acaso não consiste precisamente nisso, o que nós chamamos de "Revelação divina"? Podemos pensar em algo maior do que isso?

Pois bem, esse insuperável acontecimento, ou seja, nossa transformação de pecadores em justificados, de simples criaturas em filhos de Deus, depende do ingresso do Filho de Deus no mundo, de sua passagem da eternidade para o tempo, da adoção de nossa natureza humana por parte da pessoa divina do *Verbo*. Talvez nosso hábito de ouvir essas coisas tenha feito diminuir em nós a atenção ao seu profundo significado, diminuindo, por consequência, a surpresa maravilhosa que dele deriva e o hino de louvor a Deus por tamanho dom. Todavia, elas constituem sempre a essência do cristianismo, que é a revelação da "participação" do homem na natureza divina, desejada pelo Pai e realizada em nós por seu filho Jesus Cristo, por obra do Espírito Santo.

Deus se inseriu diretamente na história do mundo e do homem ritmada pelo tempo, tornando-se seu protagonista e transformando-a em "História do Salvador". O livro do Apocalipse, que encerra toda a Sagrada Escritura, apresenta Jesus exatamente como o rei da história, porque é com Ele que ela inicia e é com Ele que ela termina.

Nós estamos acostumados a definir essa história como "História Sagrada", para distingui-la da "História Profana". Definimo-la também "História da Salvação", indicando assim seu conteúdo. Mas, considerando seu protagonista, seria melhor, ainda, defini-la "História do Salvador". De fato, assim, raciocina São Paulo quando escreve que "Deus mandou o Filho".

Quando? "Na plenitude do tempo".

Como? "Nascido de mulher".

Quanto seja importante o tempo em relação à história, sabem-no muito bem os estudantes que devem constantemente memorizar as "datas" que marcam o tempo. E então, a data mais importante da história não seria exatamente aquela que marca a vinda do Filho de Deus? Não por acaso, nosso calendário, conhecido e usado também pelos não cristãos, calcula os anos a partir do nascimento de Jesus Cristo! São Paulo indica esse momento como "o eixo" na história da humanidade, definindo-o como "a plenitude do tempo". O acontecimento que o caracteriza é a vinda do "Filho", garantida por uma maternidade: *"nascido de mulher"*. A fé expressa tudo isso, afirmando que Jesus Cristo é verdadeiro Deus e verdadeiro homem. Verdadeiro Deus, porque Filho de Deus; verdadeiro homem porque nascido de mulher. Os Evangelhos se detêm sobre esse acontecimento indicando o nome desta mulher: Maria. Todavia, não deixam de mencionar, confirmando o testemunho de sua maternidade virginal, que "era esposa de um homem da casa de Davi, chamado José" (Lc 1,27).

Não era natural que os nomes mais próximos do Filho fossem os de Maria e de José? Os evangelistas pensavam exatamente assim, mesmo especificando quanto era necessário para salvar a "dignidade" daquele Filho, que continua totalmente singular.

Colocado "o mais perto possível de Cristo" (RC 7), na "plenitude do tempo", José tem uma tarefa de importância primária bem evidenciada no testemunho da Igreja apostólica, como veremos depois.

"Singular depositário", juntamente com Maria, do mistério de Deus, José fica para sempre ligado – na história do Salvador e da nossa salvação – à encarnação e, por isso, também à redenção que, com essa, constitui uma unidade orgânica e indissolúvel. Daqui à dedução do papa João Paulo II: "Precisamente por causa desta unidade, o papa João XXIII, que tinha uma grande devoção para com São José, estabeleceu que no Cânone romano da missa, memorial perpétuo da Redenção, fosse inserido o nome dele, ao lado do nome de Maria e antes do dos Apóstolos, dos Sumos Pontífices e dos Mártires" (RC 6).

Testemunho
A confiança do papa João XXIII (1881-1963)

"Nas situações difíceis, eu me dirijo a ele, que sempre me escuta. José vem adiante com calma, com seu burrinho e chega à meta com segurança. Tenham confiança nele: ele fala pouco, às vezes, nada, mas tudo pode. Quando a primeira dificuldade se aproxima, eu lhe falo e tenho logo a sensação de ter sido atendido. O assunto se torna sério? Recorro a ele que, alheio às complicações retóricas e despreocupado com a mediação dos poderosos, sabe resolver magnificamente os assuntos mais difíceis.

A presença de São José no jardim da Igreja é comparável àquela da florzinha simples do campo: nem chegamos a enxergá-la, mas pelo perfume deduzimos sua presença. Foi eleito guardião do prodígio da encarnação um humilde trabalhador, tanto mais virtuoso na simplicidade, quanto mais elevado na sua extraordinária tarefa."

Oferenda espiritual

"A ninguém fiqueis devendo coisa alguma, a não ser o amor com que deveis amar-vos uns aos outros. Porque quem ama o próximo cumpriu a Lei" (Rm 13,8).

Jaculatória

Não me abandoneis, ó Deus, minha salvação!

2º dia
O mistério de Deus

Os Apóstolos anunciaram a "Boa-Nova"; os evangelistas escreveram o "Evangelho". Os termos "Boa-Nova" e "Evangelho" significam a mesma coisa, ou seja, a proclamação da presença de Jesus, aquele "que salvará o povo de seus pecados" (Mt 1,21) e que concede a todos a "graça" suprema da filiação divina. Já afirmamos que São Paulo define tudo isso com a expressão "mistério oculto, desde os séculos, em Deus" (Ef 3,9).

Dado que, na linguagem comum, quando falamos de *mistério*, referimo-nos a uma verdade oculta, segue-se que facilmente identificamos o mistério cristão com algo de impenetrável, incompreensível, obscuro. Sobretudo, as pessoas que pouco conhecem sobre religião, quando discutem sobre ela, acabam dizendo: "É tudo um mistério – como para dizer – Ninguém entende nada disso". Surge, então, a necessidade de insistir sobre o significado que São Paulo e a Igreja tencionam dar à palavra *"Mistério"*.

Para os cristãos, *"Mistério"* é a palavra usada para indicar uma realidade *"sobrenatural"*, por exemplo: a *Eucaristia*, a *Igreja*. Quando a empregamos, pensamos em Jesus Cristo, o Verbo de Deus encarnado. O Mistério é *Cristo em nós*, ou seja, como esclarece São Tomás de Aquino, "o Unigênito Filho de Deus o qual, querendo que nós nos tornássemos participantes de sua divindade, assumiu a nossa natureza humana, para que, tendo-se tornado homem, tornasse os homens deuses".

O Concílio Vaticano II é muito claro a esse respeito: "Jesus é o homem perfeito, que restituiu aos filhos de Adão a semelhança com Deus, tendo-se ela deformado já logo no início por causa do pecado. E como a natureza humana foi por ele assumida, sem por isso ser anulada, por isso mesmo e para nós mesmos ela foi também elevada a uma dignidade sublime. Com a encarnação, o Filho de Deus se uniu, de certo modo, a cada homem. Trabalhou com mãos de homem, pensou com mente de homem, agiu com vontade de homem, amou com coração de homem. Ao nascer de Maria virgem, ele se tornou verdadeiramente um de nós, em tudo semelhante a nós, menos no pecado" (GS 22).

Considerando São José à luz dessa grande verdade, o papa João Paulo II escreve: "*Deste mistério divino, juntamente com Maria, José é o primeiro depositário*. Simultaneamente com Maria – e também em relação com Maria – *ele participa nesta fase culminante da autorrevelação de Deus em Cristo*; e nela participa desde o primeiro momento. Tendo diante dos olhos os textos de ambos os Evangelistas, São Mateus e São Lucas, pode também dizer-se que José foi o primeiro a *participar na mesma fé da Mãe de Deus* e que, procedendo deste modo, ele dá apoio a sua esposa na fé na Anunciação divina" (RC 5).

À medida que tomamos consciência da grandeza do Mistério e de sua importância para toda a humanidade, tornamo-nos também cientes da figura e da missão de São José, ao qual Deus quis confiar o Mistério.

Papa Pio XI falou, várias vezes, de São José em alguns de seus discursos. "Então, como é grande o valor do segredo que é confiado por uma parte altíssima! Aqui o segredo começou pela Santíssima Trindade, aqui está contido o segredo de Deus escondido nas profundezas da divindade, da Trindade, no infinito, nos imperscrutáveis mistérios do Pai, do Filho e do Espírito Santo: é o mistério, o segredo da encarnação divina, da redenção que a divina Trindade revela ao homem. De nenhuma maneira a mais alto se pode ir. Estamos na ordem da redenção, da encarnação, na ordem da união hipostática, da união pessoal de Deus com o homem! É neste instante que o sinal de Deus nos convida a considerar o humilde e grande santo. É neste momento que ele profere a palavra que explica tudo nas relações entre São José e todos os grandes profetas e todos os outros santos, mesmo aqueles que tiveram nobres tarefas públicas, como os apóstolos: nenhuma outra pessoa célebre pode superar a missão de ter recebido a revelação da união hipostática do Verbo divino" (19 de março de 1935).

À entrega do mistério corresponde a missão: "Esta missão única, grandiosa: a missão de guardar o Filho de Deus, o Rei do mundo, a missão de colaborar, o único que foi chamado a participar no conhecimento do grande mistério oculto nos séculos, na encarnação divina e na salvação do gênero humano" (19 de março de 1928).

Testemunho
A experiência de Santa Teresa de Ávila (1515-1582)

"Tenho uma experiência riquíssima a respeito dos preciosos favores que São José obtém de Deus para aqueles que se dirigem a ele. Por isso, gostaria de inspirar em todos uma grande devoção a ele. De todas as almas fiéis em honrá-lo, não conheço nenhuma que não faça, todos os dias, novos e rápidos progressos na perfeição. Há vários anos, no dia de sua festa, eu lhe peço uma graça particular e essa nunca me foi negada. Até quando a graça pedida não era conveniente para mim, esse santo sabia mudá-la a favor de minha alma. A outros santos, parece que Deus concedeu-lhes o direito de vir ao nosso socorro, nessa ou naquela necessidade, enquanto eu tenho, por experiência, que o glorioso São José alarga seu patrocínio a todas as necessidades."

Oferenda espiritual

"Não nos cansemos de fazer o bem, pois no momento devido haveremos de colher, se não desfaleceremos. Por conseguinte, enquanto dispomos de tempo, façamos o bem a todos, especialmente aos irmãos na fé" (Gl 6,9-10).

Jaculatória

Protegei, ó Senhor, vossa família.

3º dia
A genealogia de Jesus Cristo

O evangelista João conta-nos que, quando o apóstolo Filipe encontrou Natanael, disse-lhe: "Encontramos aquele de quem Moisés e os Profetas escreveram, na Lei: *Jesus, filho de José de Nazaré*" (1,45). "Filho de José" corresponde à cédula de identidade de Jesus, o que, todavia, parece não ter interessado a Natanael. Ele ficou mais impressionado com a proveniência geográfica de Jesus e exclamou: "De Nazaré pode sair alguma coisa boa?" (v. 46). Evidentemente, esses dados pessoais de Jesus não eram suficientes para qualificá-lo e para reconhecer sua missão em Israel, pois, em sequência, lemos que algumas pessoas do povo diziam: "Será, por acaso, da Galileia que há de vir o Cristo? Não diz a Escritura: o Cristo há de vir da família de Davi e da aldeia de Belém, onde vivia Davi? E originou-se uma dissensão entre o povo por causa dele" (7,41-42).

Sabemos, assim, que o povo tinha interesse na proveniência de Jesus, tanto genealógica quanto geográfica, ou seja, queria verificar suas *raízes*. De fato, elas deviam identificar-se como aquelas do Messias, palavra hebraica que corresponde ao nosso *Cristo*, que significa *consagrado*. Quantas vezes encontramos a pergunta dirigida a Jesus, se ele é o Cristo? E a grande insistência nesse título na pregação dos apóstolos? Os hebreus contemporâneos de Jesus têm por trás uma longa história, a qual tem um objetivo, uma direção, um ponto de chegada, que se chama declaradamente "Cristo". Relembremos a pergunta feita pelo próprio João Batista a Jesus: "És tu aquele que há de vir ou temos de esperar outro?" (Mt 11,3).

Os hebreus vinham, há tempo, enquadrando o Messias em categorias precisas, embora não concordantes, e agora queriam verificá-las. A principal dessas categorias é sua descendência de Davi, como colhemos de São Mateus, que escreve seu evangelho para os hebreus. Com muita razão, ele começa seu escrito diretamente com a genealogia que, principiando em Davi, vai até Abraão: *Genealogia de Jesus Cristo, filho de Davi, filho de Abraão* (1,1), e, depois de Abraão, desce, gradualmente, apresentando três ciclos de catorze gerações cada um, até chegar a Jesus, passando ainda pelo rei Davi (v. 6), que, claramente, deve ter uma proeminência muito significativa. E termina, por fim, em José, que é o último elo de nossa corrente genealógica. Todavia, trata-se de um elo diferente dos outros, pois, nesse caso, diferentemente dos outros personagens, não vem utilizado o verbo *"gerou"*. De fato, Mateus escreve: "Jacó gerou José, o esposo de Maria, da qual nasceu Jesus, chamado Cristo" (v. 16). Como fica expresso, com clareza, na narrativa seguinte, a respeito da vocação de José, o evangelista está bem consciente de que este não gerou Jesus, concebido, como sabemos, por obra do Espírito Santo (v. 18 e 20). Ele sublinha, em vez, que José é *o esposo de Maria, da qual nasceu Jesus, chamado Cristo* (v. 16).

A qualificação de "esposo de Maria" é legalmente necessária e suficiente para que José, "filho de Davi" – como evidenciam, além da genealogia, também as palavras do anjo: "José, filho de Davi" (v. 20) – possa introduzir Jesus na genealogia *davídica* com a mesma qualificação de José.

Cada vez que Jesus é aclamado pelo povo, como "filho de Davi", implicitamente se declara também sua filiação de José, o esposo de sua mãe Maria. Tal reconhecimento é indispensável para que ele seja declarado *"Messias"*. A descendência *davídica*, necessária para esse reconhecimento, passa para Jesus por intermédio de José, "filho de Davi".

Testemunho
O comentário de São Bernardo (1090-1153)

"Sim, este homem, este José, é verdadeiramente da casa de Davi, verdadeiro descendente de sua estirpe real, de sangue nobre, mais nobre ainda de espírito. De Davi perfeito filho que não degenerou de seu pai. Filho de Davi não somente pela carne, mas pela fé, pela santidade, pela dedicação. Como outro Davi, Deus o reconheceu, conforme seu coração, e a ele confiou o mais misterioso e o mais sagrado segredo de seu coração. Como a um segundo Davi, Deus lhe revelou as realidades ocultas e secretas de sua sabedoria e concedeu-lhe a graça de conhecer o mistério desconhecido de todos os príncipes deste mundo. Por fim, aquilo que numerosos reis e profetas desejaram ver e não viram, aquilo que eles desejaram ouvir e não ouviram, foi concedido a ele, a José: não somente de vê-lo e ouvi-lo, mas de carregá-lo, guiar seus passos, escutá-lo, beijá-lo, nutri-lo e assisti-lo."

Oferenda espiritual

"Já o sabeis, meus caríssimos irmãos: todo homem deve estar pronto para ouvir, lento para falar e tardo para se irritar. A ira do homem não realiza a justiça de Deus" (Tg 1,19-20).

Jaculatória

Senhor, sois vós minha ajuda: não me deixeis!

4º dia

O rebento de Davi

Como já vimos, um personagem de grande destaque na genealogia de Jesus fica sendo, depois de Abraão, o próprio Davi, honrado com o título de *"rei"* (Mt 1,6). São muitas as narrações a respeito dele na Sagrada Escritura, a começar por sua juventude, quando o profeta Samuel foi a Belém para visitar a família de Jessé e, por revelação divina, ungiu rei, no lugar de Saul, o filho mais jovem de Jessé, o pastorzinho Davi. É muito conhecido o episódio do combate entre o jovem Davi e o gigante Golias, que foi atingido na testa e depois decapitado. Depois de ter entrado na corte de Saul, nosso herói vai passando de vitória em vitória até tornar-se rei, após a morte de Saul em uma batalha. Ele faz de Jerusalém a capital de seu reino, do qual ele amplia e fortalece os confins.

Homem impetuoso e violento, ele ofende a Deus gravemente com o adultério e o homicídio (na genealogia é relembrada expressamente a mulher de Urias), mas com o arrependimento, manifesto no famoso salmo Miserere, retorna a Deus e a Ele serve de todo o coração, promovendo com eficácia o culto sagrado. Todavia, ele deve suportar sofrimentos graves, mesmo por parte das pessoas mais caras, tornando-se assim a figura típica de Jesus sofredor, eleito para ser o chefe de seu povo e, assim mesmo, perseguido pelos seus.

Na história do povo hebreu, Davi cumpriu a função de personificar o Reino de Deus sobre a terra, representando o ponto de referência ideal. Mateus apresenta constantemente Jesus como "filho de Davi", pois o reconhecimento desse título é indispensável para o messianismo de Jesus.

Paulo fala desse messianismo em sua pregação na sinagoga de Antioquia, da Pisídia, após ter discorrido sumariamente sobre a história de Israel até Saul, o Apóstolo conclui: "E depois de tê-lo destituído, Deus lhes suscitou Davi como rei. Foi deste que ele prestou o seguinte testemunho: 'Achei Davi, filho de Jessé, homem segundo o meu coração, que, em tudo, fará a minha vontade'. Foi de sua descendência que Deus, segundo sua promessa, fez sair para Israel um salvador, Jesus" (At 13,22-23).

Paulo reafirma que Jesus Cristo "nasceu da descendência de Davi, segundo a carne" (Rm 1,3; 2Tm 2,8). A promessa remonta a Samuel, onde se encontra a profecia mais importante do Antigo Testamento acerca da estabilidade da dinastia de Davi.

Ele quer edificar o templo de Deus, que aceita com prazer sua intenção, mas vai ser Salomão o realizador do projeto. Natan anuncia então a Davi: "O Senhor te anuncia que te fará uma casa. Quando chegares ao fim de teus dias e repousares com teus pais, suscitarei para te suceder um teu descendente, nascido de tuas entranhas, e confirmarei sua realeza. Ele levantará uma casa para meu nome e eu confirmarei para sempre seu trono real. Eu serei para ele um pai e ele será meu filho. Tua casa e tua realeza subsistirão para sempre diante de ti; teu trono ficará estável para sempre" (v. 11-16).

Essa promessa é repetida nos Salmos (89; 132) para recordar a Deus, na oração, seu juramento: "Um descendente teu, eu colocarei em teu trono". Zacarias, pai de João Batista, bendiz o Senhor que "suscitou em nosso favor um Salvador poderoso, da casa de Davi, seu servo, como havia prometido" (Lc 1,69-70). E, por fim, o anjo Gabriel vai dizer a Maria, falando de Jesus: "O Senhor Deus lhe dará o trono de Davi, seu pai. Ele reinará na casa de Jacó pelos séculos e seu reino não terá fim" (v. 32-33).

Pois bem, essa grande promessa, que diz respeito ao ponto mais alto do projeto de Deus, realiza-se por meio de José, esposo de Maria, que, na árvore genealógica, é o descendente de Davi mais próximo de Jesus.

Sua presença e seu consentimento para a realização dessa promessa, que permitirá a Jesus ser chamado "filho de Davi" e, dessa maneira, ser reconhecido como Messias, são indispensáveis como o foi o consentimento de Maria para a encarnação. É impossível separar Maria de José e José de Maria! Como expressa o teólogo Francisco Suarez, ambos fazem parte da ordem da união hipostática. A genealogia de Jesus passa por José, o qual é, expressamente, denominado pelo anjo "filho de Davi" (Mt 1,20). Também São Lucas introduz a anunciação do anjo Gabriel, que garante a Jesus o trono de Davi, seu pai, com a indispensável explicação que Maria era esposa de um homem chamado José (1,27). E facilmente compreendemos a razão. A mesma afirmação é repetida para explicar a viagem a Belém para o recenseamento: José "era da casa e da família de Davi" (2,4).

Testemunho
A coroação das imagens de São José

A coroação de suas imagens constitui uma das múltiplas formas de devoção a São José. A primeira coroação solene de que possuímos relatos é aquela que aconteceu em Bogotá (Colômbia), no ano de 1778, na igreja de Santa Fé. Aconteceram outras na Guatemala e, sobretudo, no México.

Na Europa, a primeira coroação aconteceu em Kalisz (Polônia), em 1796. Papa João XXIII deu de presente seu anel, em 1963, a essa imagem milagrosa. Em Bruxelas (Bélgica), a estátua de São José foi coroada em 1869, pela primeira vez em nome do Papa.

Seria longa demais a lista de outras imagens de São José coroadas na Europa, na América e em outros lugares do mundo. Quanto à Itália, vamos lembrar Siracusa (1991) e, sobretudo, Castello di Caudino d'Arcevia (diocese de Senigallia), onde a estátua de São José foi coroada em nome do papa Leão XIII (1904).

Por aquilo que acabamos de explicar, em relação à genealogia de Jesus, é fácil compreender o significado cristológico da coroa sobre a cabeça de nosso santo. Ela quer sublinhar a descendência real de São José, filho de Davi, porque é por intermédio de José que o título de filho de Davi passa a Jesus. Embora de maneira forçada, o título de "Rei dos Judeus" foi-lhe reconhecido, quando ele estava na cruz.

Oferenda espiritual

"Não faças a ninguém o que não desejas para ti" (Tb 4,15).

Jaculatória

Mostrai-nos, ó Senhor, vossa misericórdia.

5º dia

O homem mais próximo de Jesus

A genealogia termina em José, que já vimos ser, na *história da salvação*, o homem "por quanto é possível, mais próximo de Cristo, grau supremo de toda eleição e predestinação" (cf. Rm 8,28-29 / RC 7).

A história sagrada reservou um amplo espaço a Abraão, Isaac, Jacó e Judas, considerados os "Pais" ou "Patriarcas" do povo escolhido. Mas como a posição de José ultrapassa a todos, ele é justamente invocado em sua *Ladainha* como *Lumen Patriarcharum*, ou seja, *Luz dos Patriarcas*. Daqui o sentido da afirmação do papa João Paulo II na Exortação *O Guarda do Redentor*: "O homem justo, que trazia em si o patrimônio da Antiga Aliança, foi também *introduzido no 'princípio' da nova e eterna Aliança em Jesus Cristo*" (RC 32). Isso significa que, se, por um lado, José resume em si todo o Antigo Testamento, por outro, ele se coloca claramente no Novo, precisamente em seu "início".

Com José termina a genealogia humana de Jesus. Não está mais escrito, como para todos os outros antepassados, que José "gerou", porque a realidade superou infinitamente a promessa. De fato, a pessoa de Jesus preexiste na eternidade, gerada pelo Pai antes de todos os séculos, como professamos no *Creio*. Está em perfeita coerência com esse dogma a afirmação dos evangelistas Mateus e Lucas, a respeito da humanidade de Jesus, concebido "por obra do Espírito Santo". Por causa desse dado, de fato, explica-se também a pergunta dirigida pelo próprio Jesus aos fariseus a respeito de sua origem: "Como então Davi, movido pelo Espírito, o chama Senhor?" (Mt 22,42-43).

Todavia, ainda que José não dê origem à existência da pessoa de Jesus, que é divina e eterna, vem-lhe reconhecida a qualificação e a dignidade de Patriarca, e seu nome está inscrito e permanece na árvore genealógica de Jesus como um elo indispensável. De fato, a supressão de seu nome implicaria, por simples coerência, também na eliminação de todos os outros nomes da genealogia, incluindo o de Davi e o de Abraão.

A genealogia de Jesus é singular exatamente porque foi a promessa do próprio Deus que se realizou de modo único em Jesus! Como consequência, o título, que autoriza José a ocupar o lugar mais importante na árvore genealógica de Jesus, vem-lhe do fato de ser ele "o esposo de Maria", como o mesmo evangelista Mateus – para evitar qualquer dúvida – reafirma contextualmente: "Jacó foi pai de José, esposo de Maria, da qual nasceu Jesus, chamado Cristo" (1,16).

Autenticando a genealogia, a Igreja apostólica nada mais fez do que reconhecer a José, esposo de Maria, o direito que lhe deriva sobre Jesus, o filho dela. Dado que a José já eram reconhecidos, de pleno direito, os títulos de "filho de Davi" e de "esposo de Maria", como negar-lhe o pleno reconhecimento daquele título supremo que disso derivava, ou seja, de "pai de Jesus"? Se agora comparamos os títulos de São José com os dos Patriarcas e com os dos mais importantes personagens da história, será fácil concluir que, entre todos, São José é a "figura mais ilustre".

Tudo isso, nós deduzimos da genealogia, aparentemente, árida, mas densa de significado e de doutrina. À luz de Is 11,1 ("Sairá um rebento do tronco de Jessé e de suas raízes brotará um renovo"), os cristãos expressaram a importância da descendência *davídica* de Jesus desenhando nos livros e pintando nas paredes das igrejas a genealogia de Jesus, chamada "Árvore de Jessé", por causa do nome do pai de Davi.

Testemunho
A "Árvore de Jessé" na arte

Duas *Árvores de Jessé* são particularmente famosas: a primeira é um mosaico que se encontra na Basílica da Natividade, em Belém; a outra é uma pintura, em afresco, que se encontra na Capela Sistina, no Vaticano.

É justo que, em Belém, lugar do nascimento de Jesus, fossem lembrados seus antepassados, *"segundo a carne"*. Por volta do ano 1.100, sobre as paredes da basílica a *Árvore de Jessé* se alargava em dois ramos, que ilustravam respectivamente a genealogia segundo Lucas e segundo Mateus. Apesar dos estragos do tempo, o visitante pode ver, ainda hoje, a figura de alguns descendentes de Davi. De São José, permaneceu a escrita: *Joseph virum Mariae* (José, esposo de Maria).

Na Capela Sistina, o visitante encontra o nome dos antepassados de Jesus, no centro das "lunetas", situadas debaixo das histórias bíblicas pintadas na *"volta"*. Também, aqui, Michelangelo quis "emoldurar" toda a história da salvação com a *Árvore de Jessé*.

Seria interessante que os inúmeros visitantes desses lugares conhecessem esses detalhes para reviver, com aqueles que nos precederam, a fé na encarnação do Verbo, na qual São José teve um papel determinante.

Oferenda espiritual

"Não saia de vossa boca nenhuma palavra má, senão somente palavras boas, oportunas e edificantes, para fazer bem aos ouvintes" (Ef 4,29).

Jaculatória

Guiai-me em vossa verdade, ó Senhor.

6º dia

A vocação de José

A história da salvação é a história de Deus que salva. Nela ninguém pode entrar, senão por expressa vontade divina. Essa vontade se manifesta como *vocação*. Para sublinhar essa verdade, o Antigo Testamento coloca em evidência a vocação, ou chamado, dos personagens que ocupam as funções mais importantes na *história da salvação*. Pensemos nas narrações da vocação de Abraão, do profeta Samuel, do rei Davi.

Por sua vez, o Novo Testamento detém-se na descrição da vocação dos Apóstolos e de Paulo, mas, sobretudo, na de Maria, a mãe de Jesus. São Lucas coloca-a em relevo na conhecida narração da Anunciação.

Mas, como já vimos, a posição de São José na história sagrada é a mais próxima possível de Cristo, por isso, não poderia faltar, no Evangelho, a narração de sua vocação. De fato, nós a encontramos em Mateus, logo depois da genealogia (1,18-25), no qual o evangelista não relata o nascimento de Jesus, como se costuma repetir de maneira superficial, mas justifica a presença de José na árvore genealógica, como desejada expressamente por Deus. O nascimento é mencionado no segundo capítulo de Mateus e descrito amplamente em Lucas.

A colocação de nossa narração, logo depois da genealogia, e em estreita dependência dela, tem o objetivo de justificar a ostentação de uma genealogia, na qual não se declara como seria natural esperar, que José gerou Jesus, mas simplesmente que José é *o esposo de Maria, da qual nasceu Jesus, chamado Cristo* (Mt 1,16). De fato, a finalidade da narração de Mateus (1,18-25) não pode ser a revelação da maternidade virginal de Maria – que já está na origem da anomalia da genealogia – mas o *direito genealógico de José,* invalidado definitivamente por sua exclusão da concepção, que aconteceu por obra do Espírito Santo (v. 18), protegido, todavia, por seu direito matrimonial: *José é pai de Jesus, porque é o esposo de Maria, sua mãe.* Não se pode abstrair dessa lógica, fundamental para a descendência *davídica* de Jesus, como veremos depois.

Quem está acostumado a ler os Evangelhos, como uma série de narrações das quais extrai uma regra de conduta, deve preocupar-se, sobretudo, com seu significado *cristológico,* pois eles são, antes de mais nada, a *"Boa-Nova",* que é Jesus. Seu sujeito e objeto é Jesus, "o Cristo"; o comportamento do homem de fé vem depois, como uma consequência. Da mesma maneira, também nossos grandes personagens, como José e Maria, devem ser vistos e entendidos em função da figura e da missão de Jesus. Seus dons e suas virtudes são apenas os pré-requisitos e as consequências exigidos e derivados de suas missões. Por isso, em nossas reflexões, damos primazia aos aspectos doutrinais, pouco mencionados na pregação e, talvez, a nós, menos agradáveis, mas certamente fundamentais e em coerência com o texto do Evangelho, que nos oferece o testemunho da pregação apostólica.

Na leitura da narração de Mateus (1,18-25), emerge com clareza que, por meio do ministério de um anjo, Deus chamou José para ser pai de Jesus e que, por isso mesmo, depois da vocação de Maria, a vocação de José é a vocação mais importante que se possa imaginar. Estamos no momento central da *história humana* e da *história da salvação,* isto é, na *"plenitude do tempo".* Estamos em frente da missão mais importante, jamais confiada a um homem: Deus confia a José a salvaguarda de seus tesouros mais preciosos, ou seja, a santidade de Jesus e a virgindade de Maria. A Exortação Apostólica *Redemptoris Custos – O Guarda do Redentor –* tem início sublinhando exatamente o tema da vocação de José, *chamado a ser o guarda do Redentor.*

À vontade de Deus, que se manifesta com a vocação, ou chamado, corresponde por parte do homem, a obediência: "'Despertando do sono, José fez como lhe ordenara o anjo do Senhor e recebeu sua esposa' (Mt 1,24). Ele recebeu-a com todo o mistério de sua maternidade; recebeu-a com o Filho que havia de vir ao mundo, por obra do Espírito Santo: demonstrou, desse modo, uma disponibilidade de vontade, semelhante à disponibilidade de Maria, em ordem àquilo que Deus lhe pedia por meio de seu mensageiro" (RC 3).

A essa altura, podemos acrescentar algumas considerações que dizem respeito a nossa vida, são sugestões do papa Paulo VI: "O que vemos em nosso querido e humilde personagem? Vemos uma extraordinária docilidade, uma prontidão excepcional para a obediência e para a ação. Ele não discute, não duvida, não reclama direitos, nem aspirações. Dispõe-se totalmente a executar a palavra que lhe foi dirigida; sabe que sua vida desenrolar-se-á como em uma ação litúrgica, transfigurando-se, porém, em um nível de pureza e sublimidade extraordinárias, muito acima de qualquer sonho ou cálculo humano" (Homilia, 19 de março de 1968).

Testemunho
São José Marello (1844-1895), fundador dos Oblatos de São José

A vida exemplar de São José não podia passar despercebida aos santos, que o tomaram como *diretor espiritual,* seja para si mesmos, seja para suas instituições. No número desses, está São José Marello, fundador e bispo. Ele orava assim: "Ó glorioso Patriarca São José, não te esqueças de nós, que continuamos arrastando esta miseranda carne na dura terra de exílio. Tu que, depois da Virgem bendita, por primeiro estreitastes no peito Jesus Redentor, sê nosso modelo em nosso ministério que, como o teu, é ministério de íntima relação com o Verbo Divino. Ensina-nos tu, assiste-nos, torna-nos membros dignos da Sagrada Família". Eis o ideal que ele propôs para sua Congregação: "Cada um tome as próprias inspirações de seu modelo São José, que foi o primeiro sobre a terra a ocupar-se com os interesses de Jesus, que cuidou dele ainda criança, que o protegeu, quando menino, e que lhe fez as vezes de pai, nos primeiros trinta anos de sua vida aqui na terra".

Oferenda espiritual

"Nada façais por espírito de competição, nada por vanglória; ao contrário, levados pela humildade, considerai os outros superiores a vós, não visando cada um o próprio interesse, mas o dos outros" (Fl 2,3-4).

Jaculatória

Curai-me, Senhor. Pequei contra vós.

7º dia

O Matrimônio de Maria e José

A presença de São José, na *história sagrada* ou *da salvação*, foi querida por Deus para que ele fosse *"O Guarda do Redentor"*. Essa é sua vocação! Cada palavra é pensada cuidadosamente: *Guarda*, para preservar a origem divina de Jesus, que é o Filho de Deus. *Redentor*, para enfatizar a finalidade da encarnação, ou seja, a *missão salvífica* de Jesus. Já pelo título da exortação apostólica, *"O Guarda do Redentor"*, aparece com clareza o caráter *cristocêntrico* de todo o documento pontifício. Seu protagonista permanece *o Redentor*, considerado nos mistérios de sua vida oculta. São José é introduzido, nesses mistérios, como *ministro*. Qualquer outra leitura do texto extrapola essa teologia.

Feito esse esclarecimento, descobre-se, na história evangélica, que a guarda confiada a São José não é a de um simples guardião, mas a de um *pai*.

A *paternidade* é uma exigência da encarnação, cuja "realidade" exige não apenas que o Filho de Deus, concebido *por obra do Espírito Santo* (Mt 1,18), *nasça de uma mulher* (Gl 4,4), mas também que seu crescimento *em sabedoria, idade e graça diante de Deus e dos homens* (Lc 2,52) aconteça em sintonia com as leis do desenvolvimento humano gravadas na instituição familiar. Daqui advém a indispensável presença da *figura paterna*, exigida para o perfeito equilíbrio natural, tanto da mãe, como do filho. Por isso é perfeitamente adequada à realidade da encarnação, a apresentação de Maria, no Evangelho, como "uma virgem, *esposa* de um homem da casa de Davi, chamado José" (Lc 1,27). A referência explícita ao estado civil de Maria, levando em conta a singularidade de sua maternidade virginal, está diretamente ligada à paternidade de José, no sentido que o matrimônio constitui seu fundamento.

"Como se deduz dos textos evangélicos, o matrimônio com Maria é o fundamento jurídico da paternidade de José. Foi para garantir a proteção paterna a Jesus que Deus escolheu José como esposo de Maria. Por conseguinte, a paternidade de José – uma relação que o coloca o mais perto possível de Cristo, termo de toda e qualquer eleição e predestinação (cf. Rm 8,28-29) – passa por meio do matrimônio com Maria, ou seja, por meio da família. Os evangelistas, embora afirmem claramente que Jesus foi concebido por obra do Espírito Santo e que naquele matrimônio a virgindade foi preservada (cf. Mt 1,18-25; Lc 1,26-38), chamam a José esposo de Maria e a Maria esposa de José (cf. Mt 1,16.18-20; Lc 1,27; 2,5). E também para a Igreja, se por um lado é importante professar *a concepção virginal de Jesus*, por outro, não é menos importante defender *o matrimônio de Maria com José*, porque é desse matrimônio que depende, juridicamente, a paternidade de José. (RC 7)

"O *filho de Maria* é também *filho de José*, em virtude do vínculo matrimonial que os une: 'Por motivo daquele matrimônio fiel, *ambos* mereceram ser chamados pais de Cristo, não apenas a Mãe, mas também aquele que era seu pai, do mesmo modo que era cônjuge da Mãe, *uma e outra coisa por meio da mente* e não da carne'. Neste matrimônio não faltou nenhum dos requisitos que o constituem: Naqueles pais de Cristo realizaram-se todos os bens das núpcias: a prole, a fidelidade e o sacramento. Conhecemos *a prole*, que é o próprio Senhor Jesus; *a fidelidade*, porque não houve nenhum adultério; e *o sacramento*, porque não se deu nenhum divórcio" (RC 7, que cita Santo Agostinho).

Testemunho
São Gaspar Bertoni (1777-1853) e a *Festa dos Santos Esposos*

A Festa do Casamento de Maria Santíssima com São José espalhou-se na França, no início do século XV, graças, sobretudo, a João Gerson (1363-1429), grande devoto de São José. Fixada, de preferência, no dia 23 de janeiro, ela foi adotada, em toda a parte, por muitas ordens religiosas. O papa Bento XIII a introduziu, no Estado Pontifício, em 1725. Um mérito especial deve ser reconhecido a São Gaspar Bertoni que, em Verona (Itália), dedicou aos Santos Esposos Maria e José o altar-mor da igreja das Chagas de Cristo; e, em 1823, ali celebrou com grande solenidade a *Festa do Casamento*, tradição que foi sempre conservada pelos Padres Estigmatinos. Seu primeiro biógrafo assim escrevia: "Tendo ele o mérito principal de propagar, em Verona, e imprimir nos corações a devoção a São José, foi também autor da veneração ao mais Santo dos Matrimônios, desde então, como sinal para que seus filhos espirituais tivessem nos Santíssimos Esposos seus mais válidos Protetores; e ainda com o bom intuito que os casais de Verona tivessem, no exemplo dos castíssimos Esposos, uma norma e um estímulo para praticar a virtude".

Oferenda espiritual

"Vós, pois, como eleitos, santos e amados de Deus, revesti-vos de sentimentos de carinhosa compaixão, bondade, humildade, mansidão, paciência. Suportai-vos uns aos outros e perdoai-vos mutuamente toda vez que tiverdes queixa contra outrem" (Cl 3,12-13).

Jaculatória

Confio em vós, Senhor. Certamente não vacilarei.

8º dia
A imagem do esposo e da esposa

O matrimônio de Maria e José tinha como finalidade a encarnação por dois motivos: um histórico e o outro teológico.

O motivo *histórico* era garantir a Jesus, por meio de uma instituição jurídica universalmente reconhecida e exigida, a saber o matrimônio, a descendência *davídica*, indispensável para o reconhecimento de Jesus como Messias. Jesus devia ser *Filho de Davi!*

O motivo *teológico* era colocar em contato com a humanidade de Jesus a primeira e fundamental instituição humana, o matrimônio, para que, de tal modo, ele pudesse purificar e santificar o matrimônio.

No relato bíblico da criação, lemos que "Deus criou o homem a sua imagem e semelhança" (Gn 1,26). Isso nos faz deduzir que, vendo o homem, que é a obra-prima da criação e a única criatura que Deus quis por si mesma, nós deveríamos ali ver Deus, que é *Amor*.

Na catequese dirigida aos fiéis, reunidos na praça de São Pedro, o papa João Paulo II, no início de seu pontificado, insistiu durante muito tempo em apresentar o homem e a mulher como *"sacramento"*, ou seja, sinal visível do amor invisível de Deus. Ele enfatizou que são exatamente as diferenças existentes entre o homem e a mulher, a mostrar que eles são feitos um "para" o outro, no dom recíproco de si mesmos.

Dado que esse "*dom*" é manifestação de amor, essa será tanto mais perfeita quanto mais livre for o dom, ou seja, não condicionado pela concupiscência ou inclinação ao mal, que torna o homem escravo de si mesmo. Infelizmente, as consequências do pecado original não só não consentem ao homem e à mulher exercerem plenamente a liberdade do dom de si, mas, com frequência, os conduzem à exploração recíproca e, às vezes, à recusa do outro. Quando os fariseus perguntaram a Jesus seu parecer sobre o divórcio – que é precisamente a recusa total do outro – Jesus respondeu expressamente que esse era fruto da dureza de coração e que, no princípio, ou seja, no projeto da criação, não fora assim (cf. Mt 19,4).

Considerada a dureza do coração de todos os descendentes de Adão, não há, então, nenhum casal humano capaz de refletir plenamente o projeto originário de Deus, de maneira a ser verdadeiramente a imagem criada do Amor divino?

A Igreja ensina que Maria é a Imaculada Conceição. Isso quer dizer que Maria é a criatura perfeita, íntegra, que reproduz perfeitamente a inocência e a justiça original, ou seja, a criatura na qual se reflete claramente a imagem de Deus. Todavia, Maria sozinha não esgota totalmente o papel humano de ser a imagem de Deus, porque Deus criou o ser humano "homem e mulher".

É verdade que Jesus, como homem, certamente responderia ao objetivo, mas se deve objetar que Jesus não é somente homem, mas é homem-Deus. Por outro lado, nunca se casou. Aquilo que Paulo (cf. Ef, 5) e o *Apocalipse* (cf. 21-22) afirmam de Cristo e da Igreja refere-se ao "mistério", o qual deve, necessariamente, revelar-se em uma realidade visível, ou seja, em um sinal "histórico". Por isso, é necessário encontrar um homem que complete com Maria, no plano da criação redimida, a imagem de Deus. Pois bem, esse homem singular chama-se José, o "justo", escolhido pelo próprio Deus para ser unido a Maria por meio do vínculo matrimonial.

A Exortação *O Guarda do Redentor* afirma claramente: "O homem 'justo' de Nazaré possui sobretudo as características bem nítidas do esposo. O Evangelista fala de Maria como de 'uma virgem desposada com um homem... chamado José' (Lc 1,27). Antes de começar a realizar-se 'o mistério escondido desde todos os séculos em Deus' (Ef 3,9), os Evangelhos põem diante de nós a *imagem do esposo e da esposa*" (RC 18).

Testemunho
São José que segura na mão um bastão florido

Quando, na iconografia de São José, vemos uma imagem de nosso santo com um lírio na mão, facilmente pensamos que o artista quis indicar a virtude da pureza, que certamente brilhou nele. Mas, trata-se de outra coisa, quando vemos um bastão florido na mão de São José, no cenário de seu matrimônio com Maria. Aqui se pretende indicar que esse matrimônio foi determinado por Deus e que São José foi escolhido diretamente por Deus para ser esposo de Maria. A ideia é muito antiga e já está presente na literatura apócrifa, a qual se inspira em uma narrativa do Antigo Testamento (cf. Nm 17,16-26). Tratava-se de resolver a questão do serviço no *Tabernáculo*, lugar da presença divina. Pois bem, o próprio Deus teve de intervir e fez florescer, milagrosamente, o bastão de Aarão, para indicar que era ele o escolhido para tal função: "O bastão tinha produzido brotos, dado flores e amêndoas maduras" (v. 23). Maria não é um *Tabernáculo* muito mais importante por causa da presença nela do próprio Filho de Deus? Como então não deve ser verdadeiramente "escolhido" aquele que deve ser colocado ao seu serviço direto? O bastão florido quer significar exatamente essa *escolha* singular.

Oferenda espiritual

"Nós, que somos fortes, devemos suportar as fraquezas dos fracos e não olhar apenas para nosso interesse. Cuide cada um de contentar o próximo para seu bem, para sua edificação" (Rm 15,1-2).

Jaculatória

Fazei-me viver, ó Deus, em vosso amor.

9º dia
O início da obra da Salvação

A Sagrada Escritura e a Liturgia são explícitas em sublinhar o título de *esposo* que compete a São José. Por sua parte, o Magistério da Igreja – sabendo que "o matrimônio é a suprema sociedade e amizade à qual vai unida, por sua natureza, a comunhão de bens, ensina expressamente que Deus entregou José à Virgem como esposo para que participasse da excelsa grandeza dela".

Essas palavras da Encíclica *Quamquam pluries*, do papa Leão XIII, fazem eco às do papa Pio IX. Já que São José foi feito, da parte de Deus, objeto *de uma escolha tão sublime* para ser *pai putativo de seu Filho unigênito e verdadeiro esposo da Rainha do mundo e Senhora dos anjos,* disso decorre que tão sublimes tarefas, pelo grau de *"excelsa dignidade e santidade"* que exigem, não podem vir separadas de *"graças especiais e carismas celestes",* que certamente José recebeu *"abundantemente"* (Decreto *Inclytus Patriarcha*, 10 de setembro de 1847). Essas afirmações nos asseguram que o matrimônio de Maria e José, disposto para a encarnação do Filho de Deus, não foi deixado ao acaso, mas foi contraído *por íntima disposição do Espírito Santo,* como afirma São Boaventura.

Portanto, o matrimônio de Maria e José apresenta-se como a imagem perfeita do amor criador e redentor de Deus. Os dois santos esposos viveram verdadeiramente o próprio matrimônio como puro *dom esponsal*, com aquela *plena liberdade* que vinha a eles pela divina graça abundantemente presente e operante em seu instrumento "*conjunto*" da humanidade de Jesus. O dom desinteressado de si mesmo feito por José a Maria foi expresso magistralmente por Mateus, na frase: *não a conheceu* (1,25). "Essas palavras indicam outra forma de *proximidade esponsal*", comenta de maneira sóbria, mas eficaz, o papa João Paulo II (cf. RC 19).

O amor verdadeiro consiste precisamente em colaborar para a realização do projeto de Deus na pessoa amada, que no caso de Maria referia-se a sua maternidade divina. Unidos no mistério da encarnação ao ponto de serem chamados por São Lucas "os pais de Jesus" (2,41), Maria e José na criação são, verdadeiramente, o sinal ou sacramento da nova humanidade redimida por Jesus Cristo. Tendo Jesus, no centro, como regenerador da humanidade, Maria e José formam aquela que foi oportunamente chamada de "trindade terrena"; por meio de Jesus, concebido por obra do Espírito Santo e imagem perfeita do Pai, essa "trindade terrena" une-se, admiravelmente, à "Trindade celeste", tornando-se dela irradiação e reflexo.

O papa João Paulo II, na Exortação Apostólica *O Guarda do Redentor*, resume brevemente essa doutrina: "No momento culminante da história da salvação, quando Deus manifestou seu amor pela humanidade, mediante o dom do Verbo, deu-se *exatamente o matrimônio de Maria e José*, que realizava em plena 'liberdade' o 'dom esponsal de si' ao acolher e exprimir um tal amor" (RC 7). Para confirmar e explicar essa afirmação, ele relembra o pensamento do papa Paulo VI, que neste ponto é muito explícito: "Neste grande empreendimento de renovação de todas as coisas em Cristo, o matrimônio – também ele purificado e renovado – torna-se uma realidade nova, um sacramento da Nova Aliança. E eis que no limiar do Novo Testamento, como acontecera no início do Antigo, existe um casal. Mas, enquanto aquele de Adão e Eva fora nascente do mal que inundou o mundo, aquele de José e de Maria constitui o vértice do qual a santidade se derrama sobre toda a terra. O Salvador deu início à obra da salvação com essa união virginal e santa, na qual se manifesta sua onipotente vontade de purificar e santificar a família, este santuário de amor e este berço da vida".

A essa altura fica claro que já entramos na teologia dos *Mistérios* da vida de Jesus.

Testemunho
Leopoldina Naudet (1773-1834),
fundadora das Irmãs da Sagrada Família (1816)

Mulher de grande sucesso, habituada às cortes da Europa e ao luxo, Leopoldina participa, no começo, do *Retiro de São José*, em Verona, com outra grande mulher, Madalena de Canossa, e trabalham juntas na educação das meninas abandonadas. Tem como diretor espiritual São Gaspar Bertoni, o qual atribuía a ela o mérito da difusão, na Itália, da devoção a São José, no mês de março. Muito devota do santo, utilizava, com frequência, o livro *O devoto de São José*, escrito por A. Patrignani.

Buscando uma união mais íntima com Jesus, resistindo aos compromissos externos, pensava em São José, *na interioridade, na admiração e em todos os sentimentos que esse grande santo devia ter ao contemplar Jesus*. Daqui surgiu sua decisão: "Recomendei-me a São José e pedi a ele que, assim como havia sido meu protetor na vida interior, que o fosse também naquela solidão interior que Jesus me pedia, que fosse meu guarda, pois eu sozinha não era capaz de fazê-lo".

Oferenda espiritual

"Não julgueis e não sereis julgados. Pois com o juízo com que julgardes, sereis também julgados; e com a medida com que tiverdes medido, também vós sereis medidos. Por que olhas o cisco no olho de teu irmão e não vês a trave em teu?" (Mt 7,1-3).

Jaculatória

Concedei-me, ó Pai, a luz do Espírito Santo.

10º dia

A união dos corações

Embora sempre tenha ensinado a virgindade perpétua de Maria e de José, a Igreja nunca pôs em dúvida a validade de seu matrimônio. Na Liturgia, São José conservou sempre o título de *Esposo de Maria*, que já lhe fora reconhecido expressamente nos Evangelhos. Isso significa que a essência ou natureza do matrimônio não consiste na união sexual, mas na *união conjugal*, que nasce do consentimento, da união indivisível das almas, da união dos corações.

Na oração *A vós, São José*, a referência a "este sagrado vínculo de caridade, que vos uniu à Imaculada Virgem mãe de Deus" define, de maneira precisa, a natureza do matrimônio de Maria e José: *sagrado vínculo de caridade*. Trata-se de reconhecer, no homem e em suas relações com os outros, o primado dos valores espirituais sobre os materiais, do espírito sobre os sentidos.

Se o matrimônio não aponta para o dom de si como expressão do amor, fica reduzido a um fenômeno miserável. E não existe dom verdadeiro onde não existe verdadeiro amor. Um objeto pode ser dado como retribuição, troca, prêmio, salário, preço, engodo, mas somente o amor é que transforma o objeto em dom e o qualifica como tal. Foi exatamente porque São José fez de si um dom esponsal a Maria, que ele é tanto disposto a renunciar a ela, deixando-a ir livre por sua estrada (cf. Mt 1,19), como em um primeiro momento lhe parecera que exigisse a maternidade divina, quanto a mantê-la consigo, como de fato ele fez, depois de ter conhecido sua vocação: "manteve consigo sua esposa e não a conheceu" (Mt 1,24-25), palavras que indicam "outra forma de proximidade esponsal", como lembrado acima (RC, 19).

O sacrifício de si mesmo, que José fez a respeito de Maria, é a prova mais evidente da *gratuidade* de seu dom, tornada possível por uma libertação do pecado (cf. Jo 8,34-36), proporcional à exigência de sua missão paterna, que o coloca "o mais próximo possível a Cristo" (RC 7) e, de consequência, à ação do Espírito Santo, que é máxima na encarnação do Verbo: "A encarnação do Verbo é a maior obra que Deus já realizou fora de si mesmo, para a qual concorreram de tal modo todos os atributos divinos, que não é possível nem imaginar uma maior, e é ao mesmo tempo a obra mais salutar para nós" (Leão XIII, Encíclica *Divinum illud*, 9 de maio de 1897).

O Espírito Santo, ao qual é atribuído tão grande prodígio (cf. Mt 1,18.20; Lc 1,35), enquanto age em Maria, *a cheia de Graça* (Lc 1,28), não pode deixar de agir em José, uma vez que o elo esponsal existente entre Maria e José foi confirmado: "O mensageiro diz claramente a José: 'Não temas conservar contigo Maria, *tua esposa*'". Portanto, aquilo que havia acontecido antes – o casamento com Maria – havia acontecido por vontade de Deus e, por conseguinte, devia permanecer. Em sua divina maternidade, Maria deve continuar vivendo como *"virgem, esposa de um esposo"* (Lc 1,27 / RC 18). Isso significa que "este homem 'justo', que, segundo o espírito das mais nobres tradições do povo eleito, amava a Virgem de Nazaré e a ela se encontrava ligado por amor esponsal, é novamente chamado por Deus para este amor" (RC 19).

Considerando que "a intensidade espiritual da união e do contato entre as pessoas – do homem e da mulher – provém, em última análise, do Espírito que dá a vida" (cf. Jo 6,63), o papa João Paulo II conclui, a respeito de José, que também "o seu amor de homem foi regenerado pelo Espírito Santo": *"José, obediente ao Espírito, encontra precisamente nele a fonte do amor*, de seu amor esponsal de homem; e este amor foi maior do que aquele 'homem justo' poderia esperar, segundo a medida do próprio coração humano" (RC 19).

Testemunho
São Daniel Comboni (1831-1881) e seu amado santo

O grande evangelizador, da África, havia escolhido São José como ecônomo de todas as suas obras e colocava nele toda a sua confiança. Eis um exemplo: "Eu me havia confiado a São José para fazer uma boa viagem de Cordofão a Cartum. Esse amado santo consentiu que eu caísse de maneira terrível do camelo e eu o multei muito bem com uma taxa de mil francos em ouro, por cada dia que eu tivesse que levar o braço amarrado ao pescoço. E, como eu fui obrigado a carregar o braço amarrado ao pescoço, durante 82 dias, meu venerado ecônomo foi condenado a me pagar a multa de 82.000 francos. Assim eu descarreguei sobre meu amado santo uma letra de câmbio no valor de 4.100 marengos (1 marengo = 20 francos), pagáveis em seis meses. E já percebo que o bom ecônomo, como sempre, está honrando o compromisso, pois daquele dia até hoje já recebi 38.706 francos". Claramente, sob esse ponto de vista material, estava presente na alma do grande apóstolo da África todo o seu ardor missionário pela salvação das almas, para o qual Comboni arrastava São José, por ele considerado *"o verdadeiro pai da Nigrícia"*.

Oferenda espiritual

"Em vosso tratamento mútuo, revesti-vos todos de humildade, porque Deus resiste aos soberbos e aos humildes dá sua graça" (1Pd 5,5).

Jaculatória

Protegei-me, ó Deus, em vós me refugio!

11º dia
O Matrimônio perfeito

O dom *esponsal* de si é a máxima expressão de amizade, se for visto em sua plenitude, ou seja, na *liberdade* do dom. Infelizmente, após a experiência do pecado original, o homem não possui mais aquele grau de pureza de coração que se exige para a liberdade plena do dom. Mesmo depois da redenção, permanece no homem a concupiscência, que não é pecado; todavia provém do pecado e a ele conduz. Concupiscência é o peso que experimentamos para fazer o bem: o bem custa-nos. Concupiscência é a inclinação que sentimos para o mal: o mal agrada-nos. Disso decorre a explicação daquela "dureza de coração", que tem sua expressão máxima precisamente na ruptura do matrimônio, esvaziado do dom de si, como observou Jesus (Mt 9,8).

O amor de amizade supõe a benevolência, que possuímos quando amamos alguém, querendo seu bem. Ao contrário, quando não queremos diretamente o bem da pessoa amada, mas queremos seu bem para nós, então o amor de amizade vem substituído pelo amor de concupiscência, que é o amor pelo *útil* e pelo *agradável*. Em outras palavras, a pessoa é amada *porque* e *na medida em que* nos serve e nos dá prazer. O amor de amizade e o amor de concupiscência são dois amores completamente diferentes em sua natureza; apesar de sua aparente semelhança, seus efeitos não tardarão a mostrar sua substancial diferença, como percebemos ao examinar um produto original e sua imitação. Enquanto o amor de amizade transmite à união conjugal unidade e solidez, o amor do útil e do agradável penetra no amor conjugal como manchas que, tornando-se cada vez mais marcadas e profundas, acabam na ruptura pelo divórcio.

Por causa de seu privilégio de *Imaculada Conceição*, na Mãe de Deus, não existia a concupiscência, por isso seu amor de amizade era garantido. Mas o que dizer de José?

O papa Leão XIII não descuida de uma questão assim tão importante. Escreveu ele: "É verdade que a dignidade de Mãe de Deus assenta tão alto, que nada pode existir de mais sublime; mas como entre a bem-aventurada Virgem Maria e entre José foi selado um laço conjugal, não há dúvida de que daquela altíssima dignidade, pela qual a Mãe de Deus supera em absoluto todas as criaturas, *ele se aproximou mais do que qualquer outro*. Já que o matrimônio constitui a suprema sociedade e amizade, à qual por sua natureza está unida a comunhão dos bens, disso deriva que, se Deus deu José como esposo à Virgem, deu-lho não somente como companheiro de vida, testemunha da virgindade e defensor da honestidade, mas também para que ele *participasse*, por meio do pacto conjugal, da suprema grandeza dela" (Encíclica *Quamquam pluries*, 15 de agosto de 1889).

Por sua vez, o papa João Paulo II, examinando cuidadosamente os fatos com relação ao amor de José, escreve que se deve deduzir deste matrimônio "que seu *amor de homem foi regenerado pelo Espírito Santo*" (RC 19). A natureza do matrimônio requer, de fato, que São José seja digno esposo de Maria.

É mais do que legítima a esperança que os esposos cristãos nutrem de encontrar, na *Ladainha de Nossa Senhora*, ao menos uma invocação que honre Maria como *esposa* e coloque-a ao lado daquele que o próprio Deus lhe concedeu como verdadeiro e puríssimo esposo, como, por exemplo: *Santa esposa do justo José*. Será que vai ser difícil?

São Bernardino de Sena assim observava: "Se a Beatíssima Virgem Maria não deixa sem recompensa uma Ave-Maria, com quanta cordial gratidão deveria responder àquele que ela via trabalhar com tanta dedicação, com tanto amor e fidelidade para sustentar a ela e a seu amado filho". Sobretudo a Virgem Maria considerava que esse santo, para conservar a vida de Jesus, expunha-se a muitos perigos; especialmente, quando o levou e trouxe do Egito, quando ia a Jerusalém para as solenidades da Lei e quando ia com ele a tantos outros lugares".

Não esqueçamos que o já citado papa Leão XIII manifestava a mesma convicção: "Pensemos que é sumamente conveniente que o povo cristão se acostume a rezar, com particular devoção e com grande confiança, à Virgem Mãe de Deus, mas também, ao seu castíssimo esposo São José, coisa que é certamente agradável à própria Virgem". Eis por que ele conclui ordenando que, durante todo o mês de outubro, quando se reza o Rosário, acrescente-se a Oração a São José, fórmula esta que recebereis com esta Encíclica, e que assim se faça todos os anos e para sempre.

Testemunho
A bem-aventurada Irmã Maria Repetto (1807-1890) e os "josefinos"

Como "porteira", em Marassi, Gênova (Itália), essa humilde *Irmã* sabia como obter muitas graças de São José. O modo característico que ela utilizava para conseguir as graças era por meio dos *"josefinos"*, isto é, pequenos retângulos de pano ou de outro material qualquer, para serem carregados como escapulários. Provavelmente, a ideia dessas "recordações" já provinha do *Conservatório das Filhas de São José*, a primeira instituição em honra ao nosso santo, projetada por Santa Catarina Fieschi Adorno e realizada por Ettore Vernazza, em 1517. Entre as muitas graças obtidas com esse meio, recordamos aquela de um comandante marítimo que, tendo de viajar para o Oriente, tinha recebido um pacotinho de "josefinos", os quais ele deveria jogar ao mar, em caso de perigo. Ele havia aceitado os *"josefinos"* com uma espécie de sorriso de divertimento. Entretanto, surpreendido no oceano indiano por uma violenta tempestade, e depois de haver tentado todos os meios para evitar o naufrágio, lembrou-se daquele extremo recurso e jogou no mar os *"josefinos"*. O navio afundou, mas todos os passageiros se salvaram.

Oferenda espiritual

"Caminhai segundo o Espírito, e não satisfareis a concupiscência da carne. Porque a carne tem tendências contrárias aos desejos do Espírito e o Espírito possui desejos contrários às tendências da carne" (Gl 5,16-17).

Jaculatória

Minha alma anseia por vós, ó Deus!

12° dia

A justiça de São José

O evangelho testemunha que São José, o esposo de Maria, era *"justo"* (Mt 1,19). Em que modo? Segundo uma interpretação muito difundida, tratar-se-ia de uma justiça puramente legal que parte da suposição que José ignorasse a origem divina da maternidade de Maria. Daqui a desconfiança natural a respeito de sua honestidade, com o resultante apelo às vias legais. Será então tarefa do anjo revelar ao perturbado marido a verdade sobre a virgindade da esposa, fazendo assim retornar a paz à família. Tiradas as conclusões, um drama conjugal com final feliz. E tudo isso em um Evangelho!

Surge espontâneo, então, questionar se é natural pensar em um mutismo de Maria exatamente com São José, depois de tudo o que dissemos sobre o amor conjugal e sobre a importância da encarnação para toda a humanidade. Não nos parece, ao contrário, mais lógico pensar que Maria tenha sido a primeira anunciadora da *"Boa-Nova"* (o Evangelho é isso!), e a tenha participado por primeiro à pessoa mais amada, ou seja, a São José, o qual além de tudo, sendo seu verdadeiro esposo, não somente é a pessoa mais interessada, mas também a mais envolvida no mistério de sua maternidade? Perguntamo-nos, ainda, como seria possível conciliar o pressuposto silêncio de Maria com sua identificação com a *"Filha de Sião"*, convidada precisamente agora pelo anjo a manifestar alegria (cf. Lc 1,28) pela chegada do tão esperado Redentor?

Como teria sido possível que ela – definida, pela piedade dos fiéis, a *Anunciada* por excelência – não se transformasse imediatamente em "evangelizadora"?

Não roubemos de Maria a glória e a alegria desse *ministério*; e não roubemos de José o direito e o privilégio de ter sido o primeiro evangelizado!

O Papa João Paulo II afirma tudo isso explicitamente: *"Deste mistério divino, juntamente com Maria, José é o primeiro depositário*. Simultaneamente com Maria – e também em relação com Maria – *ele participa nesta fase culminante da autorrevelação de Deus em Cristo*; e nela participa desde o primeiro momento. Tendo diante dos olhos os textos de ambos os evangelistas, São Mateus e São Lucas, pode também dizer-se que José foi o primeiro a *participar na mesma fé da Mãe de Deus* e que, procedendo deste modo, ele dá apoio a sua esposa na fé na Anunciação divina" (RC 5).

Qual é então o problema de José, se excluirmos a dúvida a respeito da fidelidade conjugal de Maria, a qual teve origem em seu suposto silêncio?

Perante o *"Mistério de Deus"*, presente em sua casa, é fácil compreender que José se encontrasse em uma situação absolutamente nova, sem precedentes. Sua grande sensibilidade religiosa e seu profundo respeito pela majestade de Deus colocam-no em frente a graves pensamentos, compartilhados – e por que não? – com sua esposa.

Como manter, ainda, para si, Maria, sempre sua legítima esposa, mas envolvida agora com a santidade de Deus e, por consequência, arrebatada do homem para pertencer exclusivamente a Deus? Como transmitir o próprio nome ao Menino, quando ele nascer, reconhecendo-o de tal modo como próprio, sendo que ele é obra do Espírito Santo? Como pode o homem ousar intrometer-se nas coisas de Deus? José, homem *justo*, ou seja, cheio de respeito pela ação divina, resolve afastar-se, em segredo. Não fez desse mesmo modo Moisés, perante a sarça ardente? (cf. Êx 3,5-6). Não fizeram assim também Pedro e o centurião, perante Jesus? (cf. Lc 5,8; 7,6).

Como pensar que José, o homem mais próximo possível do *mistério* divino da encarnação, não seja também o homem cheio do temor de Deus por excelência, aquele que alimentou o máximo respeito por sua presença e por sua obra? Portanto, José respeita a santidade da *presença divina* e permite a Maria ficar totalmente disponível para o projeto de Deus a respeito dela. Os direitos de Deus têm primazia absoluta. A decisão foi tomada, apesar do grande sofrimento de José, que ama Maria com toda a sinceridade. Foi exatamente o amor que o levou a essa dolorosa separação, para permitir à pessoa amada a realização do projeto que Deus tinha sobre ela. Não é esse, de fato, o verdadeiro amor de amizade? Foi assim que ele *"apoiou sua esposa na fé da anunciação divina"* (RC 5).

Testemunho
Padre Sebastião Zerbino (1838-1910) confia no patrocínio de São José

Padre Sebastião Zerbino fundou, em 1874, a Congregação das *Filhas de Maria Imaculada sob o Patrocínio de São José*. À pergunta: "Como devia ser a obra-prima que saiu das mãos de Deus, destinada a guardar o Deus Rei do mundo inteiro, o esposo de Maria Virgem, que foi São José?" ele respondia: "Como Deus, em sua onipotência, preparou Maria, sua obra-prima; assim devia realizar outra obra-prima de graça, a respeito do Esposo de Maria, destinado a ser todo semelhante a ela. Se Maria é a Rainha das Virgens, se Maria é admirada por sua obediência, assim devemos dizer de São José, escolhido para ser pai e guardião de Jesus". Suas filhas, cheias de confiança sob o patrocínio de São José, contam que "era inverno e fazia muito frio. A provisão de lenha estava quase no fim. A neve continuava a cair com força. Então oraram a São José. De repente, alguém bateu à porta. Era um homem com um carrinho cheio de lenha. Pediu às Irmãs para que guardassem aquela lenha por alguns dias, mas ele nunca mais voltou para retirá-las. As irmãs usaram-na, com a intenção de pagar. A lenha foi toda gasta e o dono nunca mais apareceu. Todas pensaram que havia sido uma graça de São José".

Oferenda espiritual

"Se teu irmão pecar contra ti, repreende-o; e se ele se arrepender, perdoa-lhe. Se pecar sete vezes ao dia contra ti e sete vezes vier procurar-te dizendo: 'Arrependo-me', tu o perdoarás" (Lc 17,3-4).

Jaculatória

Criai em mim, ó Deus, um coração puro.

13º dia

O ditame da vontade de Deus

O progresso constante da ciência coloca sempre mais em evidência que o sonho faz parte da vida humana, como dela fazem parte ainda o estado de vigília e o estado de sono. Em outras palavras, nós todos sonhamos, mesmo que nem sempre notemos, seguindo um ritmo natural bem estabelecido.

Em consequência, da mesma forma que Deus pode intervir a qualquer momento em nossa vida, utilizando qualquer meio, assim também o sonho pode servir para que Deus manifeste sua vontade. Com isso, não queremos afirmar que todo sonho venha de Deus, mas não se pode, simplesmente, excluir essa afirmação. Também aqui, é necessário recorrer aos critérios de "discernimento" já conhecidos, para decidir se se trata ou não de uma intervenção particular de Deus. Não lemos no Antigo Testamento a história de sonhos famosos? Quem não se lembra, por exemplo, daqueles de José, o filho do Patriarca Jacó? Pois bem, o *Evangelho de Mateus* também nos relata que Deus transmitia suas ordens a José por meio do ministério de anjos que lhe falavam no sono. Isso aconteceu por ocasião de seu chamado para ser pai de Jesus, quando lhe foi ordenado manter consigo sua esposa Maria (1,20-21). Isso, também, quando se tratou de fugir para o Egito e evitar a perseguição de Herodes, que procurava Jesus para matá-lo (2,13). Igualmente, após a morte do tirano, para ordenar-lhe que levasse o Menino de volta para Israel (2,19-21) e, por fim, para indicar-lhe o domicílio definitivo em Nazaré (2,22-23).

Tratando-se do *mistério da encarnação e da redenção*, é claro que Deus não podia deixar José sozinho em decisões tão profundas, que se referiam a aspectos importantes da vida e da missão de Jesus: sua descendência *davídica*, a salvação de sua própria vida, a estada no Egito, a entrada em Israel e a qualificação de Jesus como "*Nazareno*". Também a "geografia" faz parte da *história da salvação*. O Papa Paulo VI não titubeia em afirmar que "José tinha um ditame da vontade de Deus que se antepunha a suas ações, por isso, seu comportamento ordinário era movido por um misterioso diálogo que indicava o que havia de ser feito: 'José, não temas; faze isto: parte, retorna!' Então o que é que percebemos em nosso querido e humilde personagem? Observamos uma maravilhosa docilidade, uma prontidão excepcional à obediência e à execução. Ele não discute, não duvida, não reclama direitos ou aspirações. Lança-se no obséquio à palavra que lhe é dita; sabe que sua vida desenvolver-se-á como em um teatro que se transfigura em um nível de pureza e sublimidade extraordinárias, muito acima de qualquer esperança ou cálculo humano" (Homilia, 19 de março de 1968).

Pois bem, nós também recebemos *"ditames"* da vontade de Deus que se antepõem a nossas ações. De maneira geral, como o ditame da consciência, da lei de Deus e dos deveres de nosso estado. Algumas vezes, de modo mais determinado, por meio da confluência de circunstâncias que nos levam a reconhecer e afirmar: *"Esta é a vontade de Deus!"*

São José nos ensina a docilidade em ouvir, a prontidão em executar, o obséquio à vontade de Deus, que deve ser sempre a norma de cada vida. Tudo se resolve na obediência, a virtude que caracteriza São José, e não em vão, se levarmos em conta que a casa de Nazaré foi a escola onde cresceu e foi educado na obediência o próprio Jesus, cuja vida oculta foi toda resumida pelo evangelista em uma única expressão: *"era-lhes submisso"* (Lc 2,51).

Testemunho
A bem-aventurada Maria dos Anjos (1661-1717) e São José protetor de Turim

Parente, por parte de mãe, de São Luís Gonzaga, Maria dos Anjos foi carmelita e fundou, em 1702, o *Carmelo de São José* de Moncalieri (Itália). Com a autorização do Cardeal Ballestrero, desde 1988, seu corpo está lá exposto no coro das monjas. Foi mérito seu a proclamação de São José como "protetor" de Turim, em 1696. Assim, frei Elias de Santa Teresa escreveu: "Grassava uma obstinada guerra entre as potências Alemanha, França, Saboia e Espanha. O zelo da veneranda Madre, que não podia ficar trancado entre os muros do claustro, corria suplicante ao Trono do Altíssimo para que amainasse definitivamente o ardor daquela atrocidade. Deus quis atender as súplicas de sua filha amada e mandou avisá-la que concederia a paz, se a augusta cidade de Turim fosse colocada sob a proteção do glorioso patriarca São José. A serva de Deus empenhou-se imediatamente em promover o desígnio divino junto às autoridades da cidade e da corte. A confiança, que já desde então suas grandes virtudes possuíam na mente de todos, encheu logo de contentamento e de esperança todos os corações. Não houve quem hesitasse em aceitar a proposta, mas todos aprovaram com alegria o patrocínio do santo. E com grande solenidade foi decidido que São José fosse protetor perpétuo da cidade de Turim. O esplendor dado a tal festa aconteceu, sobretudo, graças à grande e luminosa piedade da memorável princesa Maria Giovanna Battista e também por causa de sua generosidade, que facilitou a organização anual e perpétua de tal festividade no terceiro Domingo, depois da Páscoa. Pouco tempo depois, confirmou-se a predição, pois, no final do ano 1696, aconteceu a tão sonhada paz de Vigévano". O duque Vittorio Amadeo II obteve a paz com Luís XIV e a restituição da cidade de Pinerolo.

Oferenda espiritual

"Os frutos do Espírito são: caridade, alegria, paz, longanimidade, afabilidade, bondade, fidelidade, mansidão, continência. Contra esses não há Lei. Se vivemos do Espírito, caminhemos também segundo o Espírito" (Gl 5,22-25).

Jaculatória

Ficai conosco, Senhor!

14º dia
Paternidade incontestável

A paternidade de São José está intimamente ligada à realidade da Encarnação, a qual assumiu todo o mistério da família de Nazaré, como é demonstrado pela própria Mãe de Jesus, que não hesita em dirigir-se ao filho adolescente, no Templo de Jerusalém, com as palavras: "Teu pai e eu, aflitos, te procurávamos" (Lc 2,48).

A quem objetava que as gerações enumeradas por Mateus não deviam seguir a genealogia de José, porque ele não havia gerado Cristo, Santo Agostinho respondia: "Por que não deviam ser por intermédio de José? Por acaso José não era o marido de Maria? A escritura afirma, por meio da autoridade angélica, que ele era o marido: "Não temas – diz o anjo a José – conservar contigo Maria, tua esposa, pois aquele que nela é gerado vem do Espírito Santo". Foi-lhe ordenado impor o nome ao menino, embora não tenha nascido de seu sêmen. "Ela – diz o anjo – dará à luz um filho e tu o chamarás Jesus." A Escritura sabe que Jesus não nasceu do sêmen de José, pois a ele – preocupado acerca da origem da gravidez de Maria – é dito: "Vem do Espírito Santo". Todavia, não lhe é tirada a autoridade paterna, levando em conta que lhe é ordenado impor o nome ao menino. Por fim, até a própria Virgem Maria, bem consciente de não haver concebido Cristo pela união sexual com José, todavia o chama "pai de Cristo" (RC 7).

Santo Agostinho, não somente não aceita que a ausência da concupiscência da carne seja um motivo para excluir José da paternidade de Jesus, mas, ao contrário, "que a maior pureza confirme a paternidade, para que não nos repreenda a própria Santa Maria. De fato, ela não quis antepor o próprio nome ao de seu marido, mas disse: *"Teu pai* e eu!" Portanto, não sejamos, nós, murmuradores maliciosos, fazendo o que a casta cônjuge não fez. De fato, os evangelistas fazem o elenco genealógico com muito cuidado e com muita prudência por intermédio de José. Por quê? Porque pai. E por que pai? *Porque mais certamente pai, quanto mais castamente pai.* "O Senhor não provém do sêmen de Davi, embora assim fosse considerado; entretanto, à piedade e à caridade de José nasceu de Maria Virgem o filho, que é igualmente, Filho de Deus" (*Sermão* 51).

Testemunho
São Josémaría Escrivá de Balaguer (1902-1975) e
São José "nosso Pai e Senhor"

O fundador da *Opus Dei* é conhecido por sua espiritualidade, que nasce de uma contemplação cotidiana da Santa Família de Nazaré, por ele chamada a *Trindade na terra.* A figura de São José, que era a de um *homem comum*, não podia deixar de fazê-lo descobrir nele um modelo único e universal de santidade. Sabemos que não era rico, era um trabalhador como milhões de homens em todo o mundo. Exercia uma profissão cansativa e humilde, que Deus – assumindo nossa carne e querendo viver durante trinta anos como qualquer um de nós – havia escolhido para si. José é uma figura colossal, que deve levar a termo um projeto divino sobre a terra e que sabe viver de maneira reservada. O santo mais nobre e protegido por Deus: límpido, viril, prudente, íntegro, forte e suave. Seguindo cada qual a própria vocação, somos todos chamados a participar do Reino dos Céus. Exatamente isso é que nos ensina a vida de São José: simples, normal, ordinária, composta de anos de trabalho sempre igual, de dias que se sucedem com aparente monotonia. É nisso que pensei, muitas vezes, meditando sobre a figura de São José e esse é um dos motivos de minha devoção especial por ele.

Oferenda espiritual

"Amai-vos, pois, uns aos outros ardentemente do fundo do coração. Fostes regenerados não de uma semente corruptível, mas pela Palavra de Deus, semente incorruptível, viva e eterna" (1Pd 1,22-23).

Jaculatória

Resplenda sobre mim, Senhor, a luz de vossa sabedoria.

15º dia
Autêntica paternidade humana

Para designar a paternidade de São José, os documentos da Igreja usam, de preferência, o termo *pai putativo*: *São José, pai putativo de Jesus Cristo*. Esse termo é *bíblico*, pois é usado por Lucas em seu Evangelho, depois de ter-se referido à declaração divina: "Tu és meu Filho, eu, hoje, te gerei" (3,22), sublinha, todavia, a realidade da natureza humana de Jesus, especificando que "ao iniciar seu ministério, Jesus tinha cerca de trinta anos e era filho, *segundo se acreditava*, de José, filho de Heli etc." (3,23).

Como nas línguas modernas, o termo *"putativo"* assumiu um significado derrisório, equivalente a fictício, não verdadeiro; alguém até gostaria de eliminá-lo, substituindo-o por outros termos como: legal, nutrício, matrimonial virginal etc. Considerando que, se tivéssemos de abolir todas as palavras que podem ser usadas equivocadamente, teríamos de nos condenar ao silêncio, não nos resta senão procurar entender as palavras em seu sentido correto. Quando dizemos, por exemplo, que o fulano é *considerado* honesto, que um profissional *é conceituado* como competente, que um remédio *é dito* como eficaz, por acaso queremos subentender que, sim, tais sujeitos são considerados, conceituados honestos, competentes, eficazes, mas que, na verdade, não o são? E, então, se Lucas escreve em seu Evangelho que Jesus, Filho de Deus, era considerado (este é o famoso termo latino *putabatur*) filho de José, de Heli etc. Por que devemos forçosamente entender que Jesus era considerado tal, mas que de verdade não o era? Dito isso, para justificar o uso do termo *putativo*, é fácil observar que, no mesmo evangelho, poucos versículos antes, Lucas relata que Maria disse simplesmente: "Teu pai e eu" (Lc 2,48), sinal claro que, para a Igreja apostólica, a paternidade de São José tinha menos necessidade de ser qualificada do que de ser afirmada. Não é tarefa da catequese prevenir eventuais equívocos? Já falamos do pensamento de Santo Agostinho a respeito do direito de São José de ser enumerado na genealogia de Jesus.

O Papa João Paulo II, reconhecendo a *Família de Nazaré* como "diretamente inserida" no *Mistério da Encarnação*, conclui que constitui ela própria um mistério particular. E, ao mesmo tempo, – como na Encarnação – é a este mistério que pertence a verdadeira paternidade: *a forma humana da família do Filho de Deus, verdadeira família humana,* formada pelo mistério divino. *Nela, José é o pai: sua paternidade,* porém, não é só "aparente", ou apenas "substitutiva"; mas *está dotada plenamente da autenticidade da paternidade humana,* da autenticidade da missão paterna na família. Nisto está contida uma consequência da união hipostática: humanidade assumida na unidade da Pessoa Divina do Verbo- -Filho, Jesus Cristo. Com a assunção da humanidade, em Cristo *foi também "assumido" tudo aquilo que é humano e, em particular, a família,* primeira dimensão de sua existência na terra. Nesse contexto, foi "assumida" também a paternidade humana de José. Com base nesse princípio, adquirem seu significado profundo as palavras dirigidas por Maria a Jesus, no Templo, quando ele tinha doze anos: "Teu pai e eu ... andávamos a tua procura". Não se trata de uma frase convencional: as palavras da Mãe de Jesus indicam toda a realidade da Encarnação, que pertence ao mistério da Família de Nazaré. José, que desde o princípio aceitou, mediante "a obediência da fé", sua paternidade humana em relação a Jesus, seguindo a luz do Espírito Santo que, por meio da fé, se doa ao homem, por certo ia descobrindo, cada vez mais amplamente, *o dom inefável desta sua paternidade.* (RC 21).

Testemunho
Santa Maria Josefa Rossello (1811-1880) oferece a São José as chaves da casa

Fundadora das *Filhas de Nossa Senhora da Misericórdia*, ela manifestou sempre uma grande devoção a São José, até ao ponto de acrescentá-lo no próprio nome (antes se chamava Benedita). Conta-se que foi somente graças a sua grande confiança em nosso santo que ela conseguiu adquirir o palácio dos marqueses Doria-Lamba, agora *Casa da Divina Providência*, na Rua Torino (Savona, Itália), como também sua casa paterna em Albissola Marina, chamada depois *Casa de São José*. Foi, ainda, graças à proteção de São José que ela conseguiu salvar seu instituto da extinção por causa das leis liberais-maçônicas, de 1866. Inaugurando uma estátua de São José, assim lhe suplicava: "Meu gloriosíssimo querido pai, São José, eis que eu me prostro a vossos pés neste dia solene, consagrado à Imaculada Conceição de vossa puríssima Esposa. Vós sois o Guardião, o Protetor, o Pai de todo o Instituto e vós deveis salvá-lo. Por isso, oferecendo-vos as chaves desta Casa, da qual sois o dono, eu vos ofereço e vos consagro, juntamente, todas as minhas filhas. E nunca vos deixarão de venerar, eu espero, aquelas religiosas que me sucederão no governo deste Instituto, sendo minha vontade irrevogável que esta dedicação seja renovada, de tempos em tempos, e que o Instituto da Misericórdia vos venere e vos considere sempre como seu Pai, seu Protetor e seu Guardião. Assim seja".

Oferenda espiritual

"Vivei em boa harmonia uns com os outros. Não vos deixeis levar pelo gosto das grandezas. Afeiçoai-vos às coisas modestas. Não sejais sábios a vossos próprios olhos" (Rm 12,16).

Jaculatória

Ó Senhor, concedei-me graça, conforme vossa promessa.

16º dia

O exercício da paternidade

Considerando que São José *possui em plenitude a autenticidade da paternidade humana* (RC 21), ele devia ter também o amor que a ela compete. Se, por acaso, faltasse o amor, a paternidade acabaria por identificar-se como uma simples intervenção biológica, reduzível ao sêmen, procurado e manipulado de alguma maneira pelo empreendedorismo da tecnologia e da engenharia genética, como acontece hoje.

Citando o papa Pio XII, a Exortação Apostólica *O Guarda do Redentor* afirma: "Uma vez que não se pode conceber que a uma tarefa tão sublime não correspondesse, as qualidades requeridas para desempenhá-la adequadamente, importa reconhecer que José teve em relação a Jesus, *por especial dom do Céu, todo aquele amor natural e toda aquela solicitude afetuosa que o coração de um pai possa experimentar*" (RC 8).

O amor paterno de José por Jesus foi expresso concretamente – conforme a lúcida descrição do Papa Paulo VI – "em ter feito de sua vida um serviço, um sacrifício, ao mistério da Encarnação e à missão redentora com o mesmo inseparavelmente ligada; em ter usado da autoridade legal, que lhe competia em relação à Sagrada Família, para lhe fazer o dom total de si mesmo, de sua vida e de seu trabalho; e em ter convertido sua vocação humana para o amor familiar na sobre-humana oblação de si, de seu coração e de todas as capacidades, no amor que empregou ao serviço do Messias germinado em sua casa" (RC 8). O ministério da paternidade transforma-se, em São José, em um mistério de salvação: "servindo diretamente a Pessoa e a missão de Jesus, *mediante o exercício de sua paternidade*", quando chegou a plenitude dos tempos, José cooperou no grande mistério da Redenção (RC 8). Um ministério verdadeiramente sublime, aquele de São José, que o Filho de Deus, humildemente, aceitou e honrou com sua obediência. Eis as palavras do papa Leão XIII: "Ele, entre todos, impõe-se por sua sublime dignidade, dado que, por disposição divina, foi guardião e, na opinião dos homens, pai do Filho de Deus. Daí se seguia, portanto, que o Verbo de Deus fosse submisso a José, lhe obedecesse e lhe prestasse aquela honra e aquela reverência, que um filho deve ao próprio pai" (RC 8).

Testemunho
São Luís Guanella (1842-1915) e "A Santa Cruzada"

O programa desse santo pode ser sintetizado assim: *Socorrer aqueles que sofrem no corpo e salvar as almas*. De que forma? "Quando estamos esmagados pela necessidade, pelo cansaço ou pela tristeza, sentimos a urgência de que uma voz poderosa interceda por nós junto ao Coração imaculado de Jesus e de Maria, recorremos cheios de confiança a São José, e ele que, muitas vezes, sentiu os apertos das humilhações inerentes à pobreza, apresentar-se-á como nosso poderoso advogado e Pai". Daqui o desejo de colocar seus filhos e suas obras sob a proteção de São José: "Em cada uma das igrejas dependentes da *Obra da Divina Providência*, terá sumo destaque o culto de São José, ao qual dedicamos um dia por semana: a quarta-feira; um dia por mês: o dezenove; um mês por ano: março". "Depois da devoção a Deus Pai, Filho e Espírito Santo, vem a devoção a Maria Santíssima. Depois de Maria, tem o primeiro lugar o culto de São José, esposo da Puríssima Virgem, pai putativo da Sabedoria encarnada." "O Instituto reza a Deus e aos santos do Senhor e, dentre os santos, particularmente, a São José, para que multiplique as famílias religiosas, as quais são destinadas a crescer em conformidade com a própria Sagrada Família." Entre as obras que manifestam de maneira mais grandiosa sua devoção, recordamos a basílica *San Giuseppe al Trionfale* (Roma), a *Pia União do Trânsito de São José para a salvação dos Moribundos* e *A Santa Cruzada*, revista criada para dizer "algumas das coisas que ainda precisam ser ditas sobre São José".

Oferenda espiritual

"Falai e procedei como quem há de ser julgado pela lei da liberdade. Pois sem misericórdia será julgado quem não fez misericórdia. A misericórdia triunfa sobre o juízo" (Tg 2,12-13).

Jaculatória

Piedade de mim, ó Deus, segundo vossa misericórdia.

17º dia
O nascimento de Jesus

A vinda de Jesus ao mundo é o momento decisivo, chamado pelo apóstolo Paulo de *a plenitude do tempo*, quando "Deus enviou seu Filho, nascido de uma mulher" para "resgatar aqueles que estavam sob o domínio da Lei", para que "recebessem a adoção de filhos" (cf. Gl 4,4-5). "Desse mistério divino, *José é, juntamente com Maria, o primeiro depositário*" (RC 5).

Na mesma *Exortação Apostólica* do papa João Paulo II, lemos: "Como depositário do mistério 'escondido, desde todos os séculos, na mente de Deus' e que começa a realizar-se diante de seus olhos na 'plenitude dos tempos', *José encontra-se juntamente com Maria na noite de Belém, qual testemunha privilegiada da vinda do Filho de Deus ao mundo*". José foi testemunha ocular desse nascimento, que se verificou em condições humanamente humilhantes, primeiro anúncio daquele "despojamento" (cf. Fl 2,5-8), no qual Cristo consentiu livremente, para a remissão dos pecados (RC 10).

Trinta anos mais tarde, Jesus vai dizer a seus discípulos: "Quanto a vós, felizes vossos olhos, porque veem, e vossos ouvidos, porque ouvem. Em verdade, eu vos digo: muitos profetas e muitos justos desejaram ver o que vedes, e não viram, ouvir o que ouvis, e não ouviram" (Mt 13,16-17). Entre os felizes destinatários dessa bem-aventurança, José foi aquele que, juntamente com Maria, dela desfrutou de maneira única, como proclama São Bernardo: "O Senhor encontrou José segundo seu coração e confiou-lhe, com total segu-

rança, o mais misterioso e sagrado segredo de seu coração. A ele revelou os arcanos e os segredos de sua sabedoria, concedendo-lhe conhecer o mistério desconhecido por todos os príncipes deste mundo. Aquilo que numerosos reis e profetas desejaram ver e não viram; foi concedido a ele, José, que não somente o viu e ouviu, mas o carregou, guiou-o nos primeiros passos, abraçou-o, beijou-o, alimentou-o e cuidou dele" (Sermão *Super Missus est*).
O Venerável Pe. Jerônimo Gracián (1545-1614), filho espiritual e também diretor de Santa Teresa d'Ávila, escreve em sua obra *Josefina* (1597): "O menino Jesus, quando criança, dava beijos, presentes e carícias a José e a Maria; mas embora criança, era Deus; embora pequenino, era infinito; mesmo delicado, era eterno; e embora nascido há pouco, onipotente; também sem saber falar, era a própria sabedoria infinita do Pai, o criador de José, seu guardião, e de Maria, sua mãe. E assim todos os motivos de amor que tinha naquela idade recebiam eficácia e força, da Divindade oculta, que penetrava no íntimo das almas. E seus beijos produziam, nas profundezas do coração de José e de Maria, todos aqueles dons e aquelas maravilhas de amor que são descritos no livro dos Cânticos. Algumas vezes, Cristo abraçava José como um pai; outras vezes, a Virgem, sua mãe. Tenho certeza que, depois do amplexo infinito entre o eterno Pai e o Filho, de onde procede o infinito amor que é o Espírito Santo, entre todas as outras fontes de amor, nenhuma outra nunca teve maior eficácia do que os amorosos abraços que Jesus deu em sua mãe, a Virgem, e em seu pai, José. Portanto, assim como do amplexo do mesmo Filho com seu eterno Pai procedia o infinito Amor, da mesma forma, desses abraços com a mãe e com o pai terreno procedeu um amor inacessível e soberano".

Testemunho
O privilégio de segurar nos braços o Menino Jesus

Se muitos se consideram felizes e orgulhosos por possuírem uma fotografia que os retrata ao lado de um personagem famoso, o que dizer de quem pudesse se vangloriar do privilégio de ter segurado, nos braços, o Menino Jesus? A iconografia reconhece evidentemente esse privilégio "histórico" aos pais de Maria, Ana e Joaquim, assim como também ao velho Simeão, na cena da apresentação de Jesus, no Templo. Mas nós encontramos representados com o Menino Jesus, nos braços, também São Bernardo de Claraval († 1153), Santo Antônio de Pádua († 1231), Santo Hermano José de Colônia († 1241) e o bem-aventurado João Duns Escoto († 1308). No século XVI, compartilham desse privilégio São Caetano de Tiene († 1547), São João de Deus († 1550), a bem-aventurada Hosanna de Cattaro († 1565), Santo Estanislau Kostka († 1586), São Felice de Cantalice († 1587) e São João da Cruz († 1591). A última parece ser Santa Rosa de Lima († 1617). Naturalmente, essa abundância iconográfica não prejudica o privilégio único de São José de ter sido escolhido entre todos os homens da terra para a missão de ser pai de Jesus e de vangloriar-se, assim, por meio da paternidade, de ter *uma relação que o coloca o mais próximo possível de Cristo* (RC 7), uma familiaridade de contato com Jesus, compartilhada somente com aquela que lhe foi mãe.

Oferenda espiritual

"Destarte todos nós temos dons diferentes segundo a graça que nos foi dada. É o dom da profecia? Seja exercido de acordo com a fé. Alguém tem o dom do serviço? Que sirva. Outro o de ensinar? Que ensine. Tal outro o de exortar? Que exorte. Aquele que dá, faça-o sem segundas intenções; aquele que preside, com zelo; aquele que exerce a misericórdia, com alegria" (Rm 12,6-8).

Jaculatória

Que o Senhor seja bendito desde sempre e para todo o sempre.

18º dia

A epifania dos pastores

Quando Jesus nasceu, Maria "envolveu-o em faixas e deitou-o em uma manjedoura" (Lc 2,7). Lucas não podia descrever de maneira mais enxuta a entrada de Jesus no mundo. As faixas, nas quais Jesus é envolvido, servem para indicar a realidade de sua humanidade. Se quanto à divindade de Jesus nada existe que a possa conter, sua humanidade está agora bem circunscrita e identificável pelas faixas nas quais Maria o envolve, como que a indicar seu aprisionamento nos limites e na caducidade das realidades deste mundo.

Não nos enganam os artistas da antiguidade cristã, guiados por sua particular sensibilidade estética, ao interpretar esses panos como se fossem as faixas que envolverão o corpo exangue de Jesus no sepulcro, e transformando, por consequência, a manjedoura em sarcófago. Outros, mais tarde, transformarão as faixas em cândida toalha, na qual o corpo do *Menino* é exposto para a adoração, evocação da presença eucarística de Jesus sobre o altar.

Maria e José, de joelhos e com devoção, são os primeiros adoradores do *Menino*, exemplo de fé para toda a Igreja, que na Eucaristia reconhece e professa o *Mistério da fé*.

Que grande diferença e que contraste entre as *palavras* da anunciação e o *fato* do nascimento de Jesus! "Ele será grande e será chamado Filho do Altíssimo. O Senhor Deus lhe dará o trono de Davi, seu pai. Ele reinará na casa de Jacó pelos séculos e seu reino não terá fim" (Lc 1,32-33), havia dito o anjo Gabriel.

Em vez disso, Maria "deu à luz seu filho primogênito, envolveu-o em faixas e deitou-o em uma manjedoura, por não haver lugar para eles na hospedaria" (Lc 2,7), é o *fato* que o evangelista registra. *Fato e palavras* são, todavia, de grande importância, porque contêm o *Mistério*: "Hoje, na cidade de Davi, nasceu para vós um Salvador, que é Cristo Senhor, 'mistério' celebrado pela multidão do exército celeste, que louvava a Deus dizendo: 'Glória a Deus nas alturas e paz na terra aos homens por ele amados'" (Lc 2,11-14).

Destinatários imediatos dessa *epifania* do Salvador foram os pastores, os primeiros a se encontrarem com ele: "Foram sem demora e encontraram Maria, José, e o recém-nascido deitado em uma manjedoura" (Lc 2,16).

Maria, a mãe, garante a realidade da encarnação, a verdadeira humanidade do Menino, que ela envolve em faixas. José, o filho de Davi, testemunha a fidelidade do "Senhor, Deus de Israel, porque visitou e resgatou seu povo e suscitou, em nosso favor, um Salvador poderoso, na casa de Davi, seu servo, como havia prometido, desde séculos, pela boca dos santos profetas" (Lc 1,68-70).

Lucas se demora aqui na descrição do modo com o qual Jesus pretende apresentar-se à humanidade, homem entre os homens, irmão entre os irmãos. Quando comparecerá na glória, no final dos tempos, para o julgamento final, o trono será diferente, mas por enquanto, em Belém, ele escolhe apresentar-se aos homens em uma manjedoura, assim como mais tarde escolherá um simples jumento para entrar solenemente em Jerusalém: "Jesus é um rei pacífico" (cf. Mt 21,5).

Ele prefere o ambiente e a linguagem dos pastores. Relembremos a citação que Mateus faz do profeta Miqueias: "E tu, Belém, terra de Judá, não és de certo a menos importante das sedes distritais de Judá: pois é de ti que sairá o chefe que apascentará Israel, meu povo" (Mt 5,1).

Porque nós, homens, somos sempre errantes, como ovelhas sem pastor, Ele quer ser o pastor e o guardião de nossa alma. Jesus começa seu ministério entre os homens, encontrando-se com os pastores, que simbolizam sua missão.

De fato, ele irá qualificar-se como *o bom pastor*, aquele que dá a vida por suas ovelhas (cf. Jo 10,11). Para isso é que ele veio.

José, o *filho de Davi*, ao qual fora dito: "Ele salvará seu povo de seus pecados" (Mt 1,21), vê com os próprios olhos a constituição desse povo, não forte, poderoso e compacto; mas fraco, pobre e marginalizado como são os pastores, representação eficaz de toda a humanidade, enfraquecida, empobrecida e marginalizada pelo pecado, que Jesus veio salvar.

Testemunho
A *Companhia de Jesus* se consagra a São José

A devoção dos jesuítas para com São José remonta às origens da Companhia e ao seu Fundador. Foi, todavia, a 25ª Congregação Geral da Ordem que decidiu pela consagração oficial que aconteceu no dia 21 de abril de 1907.

Eis a parte da fórmula: "Ó Beatíssimo Patriarca, José, que todos os povos cristãos hoje invocam como Mediador e proclamam exímio Padroeiro; de vós, suplicantes, nós nos aproximamos, junto a vós nos refugiamos como filhos da Companhia de Jesus para declarar com um só coração e com uma só voz nossa especial veneração e devoção a vós, para que toda a nossa Companhia, que já há tempo se consagrou aos Sacratíssimos Corações de Jesus e de Maria, com igual sentimento de piedade, se professe consagrada também a vós.

A vós, portanto, ó beatíssimo José, neste dia, festa de vosso Patrocínio, em presença de nosso Rei e Senhor Jesus e da bem--aventurada Virgem Maria, vossa Esposa e nossa Mãe, nós todos, que somos na terra membros da Companhia de Jesus, com a máxima confiança possível, elegemos e declaramos, com rito solene, Padroeiro particular de toda a Companhia. A vós todos nos consagramos inteiramente, e tudo aquilo que nos pertence queremos que seja dedicado e consagrado, para sempre, a vós.

E vós, ó bondoso José, do trono real de vossa glória, volta para nós vossos olhos propícios e vosso coração paterno, ouvi nossas orações, acolhei nossos votos e confirma nossa Companhia debaixo de vossa segura proteção e tutela.

Sede, desde agora, Senhor e Chefe de nossa Companhia, que de nome e, de fato, é propriedade de Cristo Jesus. Considerai-a vossa, governai-a como vossa, incrementai-a como vossa e guardai-a como guardastes a Santíssima Família".

Oferenda espiritual

"Não sejamos vaidosos; entre nós nada de provocações, entre nós, nada de inveja" (Gl 5,26).

Jaculatória

Senhor, ensinai-nos a dar-vos glória!

19º dia

A circuncisão de Jesus

Entre os *mistérios* da vida de Jesus, a circuncisão celebrada como uma das festas do Senhor até a nova reforma litúrgica ocupa um lugar importante. Os hebreus tinham grande consideração por esse rito, tanto que ele tinha primazia sobre a lei do sábado. Sabemos o quanto se discutiu, na época da Igreja apostólica, sobre a permanência ou não de sua obrigatoriedade para os convertidos do paganismo.

A circuncisão havia sido imposta por Deus a Abraão como *sinal da aliança* (Gn 17,9-14) que o Senhor instaurava com o patriarca e com sua descendência. Seu rito fazia com que o circunciso participasse da aliança, tornando-se, assim, parte do *povo eleito* ou *povo de Deus*. A cerimônia era realizada, normalmente, na casa do pai do neonato, na presença de um número de testemunhas fixado em dez pela tradição talmúdica.

O significado do rito era indicado na oração de *bênção* que o pai pronunciava, assim transmitido no *Talmud*: "Bendito seja aquele que nos santificou com seus mandamentos e nos mandou introduzir este menino na aliança de Abraão, nosso pai".

Com a vinda de Jesus, torna-se claro para a Igreja apostólica que esse rito, assim como a antiga Aliança, da qual era sinal, já pertencia ao passado, às *figuras* e *sombras* da realidade futura, que haviam encontrado agora sua realização em Jesus, aquele que é o "sim" de todas as antigas promessas (cf. 2Cor 1,20) e que instaura a *nova e eterna aliança*.

Jesus, portanto, fora obrigado a se submeter àquele rito para levá-lo a sua perfeição, dar-lhe acabamento, ou seja, realizar tudo o que Ele significava. E já que, entre os primeiros deveres de um pai para com o filho, existe aquele de *circuncidá-lo*, José é envolvido, no rito, no pleno *exercício de sua paternidade*. Considerada a delicadeza da intervenção, normalmente se recorria a uma pessoa entendida (*mohel* ou circuncisor), expressamente imposta pela legislação talmúdica. Trata-se, portanto, da responsabilidade que o pai tinha de assumir para que o filho fosse inserido no povo da promessa.

Como o evangelista afirma que Jesus foi circuncidado, fica evidente que foi São José que providenciou a execução do rito, tornando-se, assim, *ministro da salvação,* também, nesse *mistério,* rico de significado para o povo hebreu, como sublinha Paulo, claramente, chamando Jesus *servidor dos circuncisos* (Rm 5,8).

Com a circuncisão, Jesus se torna, de fato, súdito da lei (cf. At 15,5) para resgatar aqueles que estavam submetidos à lei (Gl 4,4-5), sempre segundo o princípio que ele *assume para remir*.

Deve-se levar em consideração, todavia, que, não por acaso, Lucas recorda, sim, o rito da circuncisão, mas não diz que Jesus foi circuncidado. Isso foi para evitar que Jesus pudesse ser considerado como um membro qualquer da aliança; Ele que, pelo contrário, é a Aliança! Além disso, Jesus não é um beneficiário das promessas, mas é *a própria promessa*, é o "sim" de todas as antigas promessas.

Finalmente, não se podia apresentar Jesus como introduzido na aliança por outros – por meio da execução de um rito – pois ele é o *mediador de uma nova aliança* (Hb 8,6.13).

Como os Evangelhos não são uma crônica do passado, mas anúncio do *mistério* cristão, também o *silêncio* sobre alguns detalhes tem seu significado determinante; não são esquecimentos do hagiógrafo, mas omissões pensadas.

Ao invés, é bem diferente a conversa acerca do sofrimento do menino circuncidado e de seus pais: as gotas de sangue, o inevitável choro de dor, as lágrimas que escorrem pelo rosto, os olhos suplicantes. Todos esses são detalhes daquele precioso momento histórico, que nós podemos imaginar e também descrever, pois Jesus sofreu de verdade e, com ele, Maria e José ocupados em consolá-lo.

Testemunho
Voto feito a São José para a libertação de Asola, em 1517

Asola, na província de Mântua (Itália), remonta ao século III, antes de Cristo. Em sua catedral, à direita, perto da entrada, há um altar dedicado a São José, feito em cumprimento de um voto. Pelo final do inverno, de 1516, Maximiliano I, imperador da Alemanha, tinha descido até à Itália.

O exército imperial, composto de 26.500 soldados, havia deixado uma defesa, em Verona. Entrando no território de Bréscia, havia pedido a Asola para lhe abrir as portas.

Perante a resposta negativa, o imperador decidira abater a cidade. Assim afirma a narração: "Todos os conselheiros, os principais cidadãos, os chefes do exército, reunidos no Palácio da Comunidade, fizeram um voto explícito e solene que, se Deus Todo-Poderoso, pela intercessão da bem-aventurada Virgem Maria e de seu esposo São José, tivesse libertado esta terra do assédio e a salvasse de qualquer perigo de extermínio, a comunidade, com bens próprios, construiria, na nova catedral de Asola, um altar dedicado ao glorioso São José".

A ansiedade da noite que precedeu o dia 19 de março, festa do santo, deve ter sido terrível. Mas eis que o alvorecer saúda o novo dia: soldados e cidadãos correm para seus lugares sobre os muros em destruição, sobre as elevações em ruína. Todos alargam o olhar preocupado sobre o horizonte ao redor, mas não percebem mais as trincheiras e as tendas, não veem alma viva. Prestam atenção a um possível barulho distante.

Não há mais dúvida: gente, cavalos, carros e artilharia fogem. São José obtém a graça: todos estão salvos! A Prefeitura e a Câmara de Conselheiros, com aprovação absoluta, cumpriram o voto. Assim, no dia 19 de março de 1517, foi celebrada, pela primeira vez, a festa solene de São José, com procissão e missa cantada.

Oferenda espiritual

"Quanto ao mais, irmãos, sede alegres, trabalhai em aperfeiçoar-vos, deixai-vos exortar, tende um mesmo sentir, vivei em paz e o Deus da caridade e da paz estará convosco" (2Cor 13,11).

Jaculatória

Sois vós, Senhor, minha esperança, minha confiança desde minha juventude.

20º dia

O nome de Jesus

"Completados que foram os oito dias para a circuncisão do menino, foi-lhe imposto o nome de Jesus, conforme fora indicado pelo anjo, antes de ser concebido no seio materno" (Lc 2,21). A ligação sublinhada por Lucas, entre a circuncisão e a imposição do nome, não pode ser considerada como uma simples notícia de crônica. Pelo contrário, ela revela que a circuncisão foi o momento histórico, pelo qual o nome de Jesus se tornou um *mistério de salvação*. A aliança, da qual a circuncisão era um sinal, tem agora um nome: *Jesus*. O fato da circuncisão é interpretado por Lucas em seu significado *salvífico*, exatamente, por meio da ligação com o nome de Jesus, "Ele enviou a palavra aos israelitas, anunciando-lhes a paz por Jesus Cristo" (At 10,36). A eficácia do nome de Jesus, exaltada no livro dos Atos, tem aqui seu início, por meio do exercício de sua paternidade, José torna-se, ainda uma vez, *ministro da salvação*.

Quando o anjo *introduz José no mistério da maternidade de Maria*, "dirige-se a José como ao 'esposo de Maria'; dirige-se a quem, a seu tempo, deverá impor o nome ao Filho que vai nascer da Virgem de Nazaré, desposada com ele. *Dirige-se a José*, portanto, *confiando-lhe os encargos de um pai terreno em relação ao Filho de Maria*" (RC 3).

No momento da anunciação do anjo a José, enquanto lhe vem dada a ordem de *manter consigo sua esposa* – que José queria deixar por respeito àquele que havia sido gerado nela por obra do Espírito Santo – vem-lhe reconhecida, ao mesmo tempo, a autoridade paterna sobre o menino e é revelado a ele o nome que lhe deve impor. O nome escolhido e decidido por Deus Pai, tendo ele gerado o Filho antes de todos os séculos. Todavia, compete a José, escolhido por Deus para participar da suprema dignidade da paternidade divina, impor o nome ao menino ao qual Maria, sua esposa, deverá dar à luz: "Dará à luz um filho, a quem darás o nome de Jesus e ele salvará o povo dos pecados" (Mt 1,21). Esse era um nome conhecido entre os Israelitas e, às vezes, era dado aos filhos, porém, nesse caso, trata-se do filho que, segundo a promessa divina, realizará, em plenitude, o significado desse nome: Jesus Yehoshua que significa: *Deus salva* (RC 3).

Obedecendo à ordem do anjo, José "manteve consigo sua esposa, a qual deu à luz um filho, e ele lhe impôs o nome de Jesus" (Mt 1,25). Trinta anos depois, João Batista vai apresentar Jesus às multidões, dizendo: "Eis o Cordeiro de Deus, que tira o pecado do mundo" (Jo 1,29). Sem dúvida, é muito grande essa figura que introduz, oficialmente, a missão *salvífica* de Jesus, porém, maior ainda é José, para o qual o anjo revela, já no início da encarnação, a identidade do menino e sua missão *salvífica*, confiando-lhe a tarefa de proclamá-lo com a imposição do nome.

"Ao nome de Jesus, dobre-se todo joelho nos céus, na terra, nos abismos" (Fl 2,10). O nome de Jesus sempre recebeu uma devoção particular, razão pela qual sua festa – antes da reforma atual, celebrada na liturgia do domingo, entre os dias 2 e 5 de janeiro – continua no *Missal* atual como *Missa Votiva do Santíssimo Nome de Jesus* e em alguns calendários particulares.

"Quando lhe deu o nome, José declarou a própria paternidade legal em relação a Jesus; e, pronunciando esse nome, proclamou a missão desse menino, de ser o Salvador" (RC 12). Duas tarefas verdadeiramente excepcionais. Exercendo seu direito de paternidade *legal*, que lhe deriva de seu estado de *esposo de Maria*, São José introduz Jesus na árvore genealógica de Abraão, honrando-o com o título de *Filho de Davi*. Ao pronunciar o nome de Jesus, São

José proclama para o mundo a presença e a missão do Salvador, tornando-se, de fato, o *primeiro anunciador do Evangelho* – que é a salvação.

Durante sua vida, inúmeras vezes, São José pronunciou o nome de Jesus, como também o de Maria! Aqueles que insistem no fato de os evangelhos não referirem nenhuma palavra de São José, como pretexto para deixá-lo de lado, não podem renegar-lhe de ter pronunciado ao menos duas palavras, que são exatamente os nomes das maiores pessoas deste mundo. Pois bem, que estas duas palavras, Jesus e Maria, que preencheram o silêncio da vida de São José, possam abafar o barulho de nossa vida!

Testemunho
São Bernardino de Sena (1380-1444) e o nome de Jesus

Foram alguns franciscanos, de modo particular, que se prodigalizaram em divulgar a devoção ao nome de Jesus, com o intuito de combater a blasfêmia e os juramentos falsos. Entre esses se distinguiu São Bernardino de Sena, grande devoto de São José, que difundiu, por todo lado, o monograma IHS, com uma cruzinha acima do H. Ele corresponde à sigla do nome de *Jesus,* na forma medieval, *Jhesus,* que em seguida foi traduzida pela fórmula: *"Jhesus Hominum Salvator* (Jesus Salvador dos Homens)". São Bernardino queria que esse monograma fosse escrito em todos os lugares: nas paredes das igrejas, nas portas das cidades e nas vigas mestras das casas.

Promovida por São Bernardino de Sena e aprovada pelo papa Clemente VII, a festa do Santo Nome de Jesus foi ampliada para toda a Igreja pelo papa Inocêncio XIII, em 1721, que a fixou no segundo domingo, depois da *Epifania.* Hoje, ela se encontra no *Missal Romano,* no dia 3 de janeiro, como festa facultativa.

Os hinos encontrados na Liturgia das Horas pertencem ao famoso *Jubilus rytmicus de nomine Jesus* (Alegria ritmada sobre o nome de Jesus), que consta de quarenta e nove estrofes, atribuídas a São Bernardo, abade de Claraval (século XII). Maravilhosa é a estrofe *Iesu, spes poenitentibus, quam pius es petentibus! Quam bonus te quaerentibus, sed quid invenientibus?* (Jesus, esperança dos penitentes, quão piedoso sois para quem vos implora! Quão bondoso sois para quem vos busca, e o que dizer de quem vos encontra?), que assinala os quatro degraus que deve percorrer a alma que aspira à vida perfeita: o *arrependimento* (poenitentibus), a *oração* (petentibus), a *perfeição* (quaerentibus) e o *descanso em Deus* (invenientibus).

O papa Leão XIII, em 1886, aprovou com indulgências a *Ladainha do Nome de Jesus* e a indulgenciou. O papa João XXIII manifestou sua devoção ao nome de Jesus com a carta apostólica *Inde a primis* (30 de junho de 1960).

Oferenda espiritual

"Irmãos, não faleis mal uns dos outros. Quem fala mal do irmão ou o julga, fala mal da Lei e a julga. E se julgas a Lei, não és observador da Lei, mas juiz. Um só é o legislador e juiz, que pode salvar e perder. Mas tu, quem és para julgares teu próximo?" (Tg 4,11-12).

Jaculatória

A vós elevo meus olhos, ó Senhor. Tende piedade de mim!

21º dia

A apresentação de Jesus no Templo

Terminados os dias da purificação deles, segundo a Lei de Moisés, levaram-no para Jerusalém, a fim de apresentá-lo ao Senhor, conforme está escrito na Lei do Senhor: 'Todo primogênito do sexo masculino será consagrado ao Senhor', e para oferecer em sacrifício, conforme o prescrito na Lei do Senhor, um par de rolas ou dois pombinhos" (Lc 2,22-24).

Lucas serve-se da coincidência do rito de *purificação da puérpera* para sublinhar a excepcional *santidade da oferta de Jesus*. De fato, a primeira finalidade que Lucas atribuiu à viagem a Jerusalém foi *apresentar ao Senhor* o Menino. O termo "apresentar" faz parte do vocabulário litúrgico. Trata-se da oferenda do *primogênito*, qualificação já antecipada pelo evangelista, no momento do nascimento de Jesus: "Maria deu à luz seu filho *primogênito*" (Lc 2,7), outro termo técnico que prescinde da presença sucessiva de outros filhos.

A lei sobre os primogênitos encontra-se formulada no livro do *Êxodo* (13,1-15). Ela era muito importante, porque devia recordar a particular e a absoluta dependência de Deus, contraída por Israel na libertação do Egito: "No primogênito, era representado o povo da aliança, resgatado da escravidão para pertencer a Deus" (RC 13).

Os primogênitos israelitas, poupados quando foram exterminados os dos Egípcios, não podiam ser destinados ao uso profano, exceto em substituição ou resgate. Quanto à substituição, providenciou-se com os Levitas para os outros que sobravam, exigia-se o *resgate*: "Efetuarás o resgate deles, quando tiverem um mês de idade, avaliando-os em cinco siclos de prata, pelo siclo do santuário, que corresponde a dez gramas" (Nm 18,16), importância essa que equivalia ao salário de cerca de vinte dias de trabalho.

"Também a propósito disso, Jesus, que é o verdadeiro 'preço' do resgate (cf. 1Cor 6,20; 7,23; 1Pd 1,19), não somente 'cumpre' o rito do Antigo Testamento, mas, ao mesmo tempo, supera-o, não sendo ele um simples homem sujeito a ser resgatado, mas o próprio autor do resgate" (RC 13). Esse é o motivo pelo qual Lucas também omite qualquer referência ao resgate, apesar de José já haver, certamente, pago por Jesus, sendo o resgate do primogênito o segundo dever do pai, depois daquele da circuncisão.

Eis como um insigne teólogo, F.M. Cirino descreve o ministério de São José naquela circunstância: "Era natural que, neste cumprimento legal, a parte mais importante pertencesse a José, como pai; por isso, ele mesmo, com suas mãos, plenamente consciente dos mistérios, não somente de maneira cerimoniosa, mas com toda a força de sua alma, apresentou o menino Jesus, verdadeira vítima do holocausto, sacrifício salvífico de Judá e de Jerusalém, que devia ser imolado sobre o altar da cruz: foi o próprio José que o ofereceu e consagrou a Deus Pai sobre o altar do Templo".

São José teve uma tarefa bem maior do que, simplesmente, apresentar duas pombinhas, como, frequentemente, os pintores o retratam na cena da apresentação de Jesus no Templo!

Testemunho
São Leonardo Murialdo (1828-1900), "fazer e calar"

Em 1873, São Leonardo Murialdo fundou, em Turim (Itália), a Congregação de São José, a qual "tem como seu primeiro patrono São José, esposo, castíssimo de Maria Virgem e pai putativo de Jesus, que exerce seu patrocínio especialmente sobre os pobres e operários... e sobre aqueles que se preparam para sua instrução e educação".

Assim comentam seus biógrafos: "A missão confiada pela Providência ao Murialdo no meio dos pequenos trabalhadores e, depois, entre os operários católicos, levou-o a se aproximar sempre mais da figura paterna de São José, modelo e padroeiro dos operários".
Mas, outra razão, mais íntima, explica sua grande devoção pelo santo patriarca. O silêncio, a vida oculta, a humildade, que foram a parte destinada ao esposo virginal de Maria, no plano da redenção, o espírito de vida interior que o tornaram partícipe dos segredos de Deus, aquele fazer e calar, próprios de São José, qual vibração devem ter suscitado na alma do Murialdo! No lema que ele escolhera para si, *"Fazer e calar"*, esconde-se a sintonia de almas, ou seja, sua pessoal afinidade espiritual com São José, do qual admirava e procurava imitar sua união com Deus, o silêncio interior, a laboriosidade, a calma, a serenidade, a paz e a alegria.

Oferenda espiritual

"Se houver em teu meio um necessitado entre os irmãos, em alguma de tuas cidades, na terra que o Senhor, teu Deus, te dá, não endureças o coração nem feches a mão para o irmão pobre. Ao contrário, abre-lhe a mão e empresta-lhe o bastante para a necessidade que o oprime" (Dt 15,7-8).

Jaculatória

Ó Senhor, que vossa face resplandeça sobre nós.

22º dia
A epifania dos magos

Já falamos da *epifania* de Jesus aos pastores. Lucas havia ressaltado a manjedoura na qual fora colocado Jesus, envolvido em faixas. Sua manifestação aos pastores, representantes do povo, enchera-os de entusiasmo, tanto é verdade que *os pastores* "voltaram glorificando e louvando a Deus por tudo o que tinham visto e ouvido" (Lc 1,20). E, também, todos aqueles que ouviam a notícia "maravilhavam-se do que lhes diziam os pastores" (v. 18).

Bem diferente é o sentimento despertado pelos magos, vindos do Oriente para procurar o neonato rei dos Judeus, com o propósito de adorá-lo. Mateus diz que "o rei Herodes ficou perturbado e, como ele, toda a cidade de Jerusalém" (Mt 2,3). Evidentemente, o evangelista exagera antecipando a recusa que só, mais tarde, a cidade dará ao Senhor. Embora o tenha aclamado, ao seu ingresso solene em Jerusalém, como "Filho de Davi" (Mt 21,9) e "Rei de Israel" (Jo 12,13), logo depois, o povo o rejeitará, protestando que "não temos outro rei senão César" (Jo 19,15).

É a mesma contradição que observamos na narração dos magos. Embora reconhecendo – com as próprias Escrituras – que o lugar onde devia nascer o Messias é "Belém de Judá, pois assim foi escrito pelo profeta" (Mt 2,5), a cidade não se importa, e Herodes demonstra interesse, mas unicamente para insidiar a vida do menino. Pelo contrário, os magos "entrando na casa, viram o menino com Maria, sua mãe, e, prostrando-se, adoraram-no.

Abriram seus cofres e ofereceram-lhe presentes: ouro, incenso e mirra" (Mt 2,11).

Como já fora arrecadador de impostos, por profissão, Mateus está acostumado a aceitar na vida o resultado das situações, goste ou não. Por um lado, escrevendo para os cristãos provenientes do judaísmo, prefere relevar que Jesus veio para seu povo e que se dedicou exclusivamente a Israel. De fato, é somente Mateus que refere as afirmações de Jesus: "Não fui enviado senão para as ovelhas perdidas da casa de Israel" (Mt 15,24), e "Não sigais pelos caminhos dos pagãos, nem entreis em cidade de samaritanos. Ide, ao invés, às ovelhas perdidas da casa de Israel" (Mt 10,5-6). Por outro lado, ele também refere objetivamente o que Jesus disse: "Digo-vos, pois, muitos virão do Oriente e do Ocidente e sentar-se-ão à mesa com Abraão, Isaac e Jacó no reino dos céus, enquanto os filhos do Reino serão lançados às trevas exteriores" (Mt 8,11-12). "Ide, pois, fazei discípulos meus todos os povos" (Mt 28,19).

Mateus não podia inventar o episódio dos magos, pois estava distante de sua visão particularista, mas também não podia excluí-lo, considerando que entrava nos projetos de Deus. Pelo mesmo senso de justiça que o distingue, Mateus omite, na narração desse episódio, nosso José, embora seja o personagem-chave dos dois primeiros capítulos. Os magos, de fato, "entrando na casa, viram o menino com Maria, sua mãe" (Mt 2,11).

Por que a omissão de José, visto que teria sido impossível que estranhos tenham entrado na intimidade da casa, estando ausente o chefe de família? Mateus sabe que José, naquela casa, é juridicamente o esposo e o pai. Mas ele sabe, também, pois já o havia explicado anteriormente (cap. 1), que *o menino e sua mãe* não pertencem a José de modo absoluto. Esse é o motivo pelo qual o evangelista apresenta, repetidas vezes, *o menino e sua mãe* como uma unidade independente (Mt 2,13.14.20.21). Eles são e permanecem *os maiores e mais preciosos tesouros de Deus*. José não é o proprietário deles. A respeito deles, é confiado por Deus a ele, somente, o ministério da *guarda cuidadosa*. O papel de José, fielmente executado, permanece essencialmente o de ser "depositário do mistério".

Testemunho
São João Bosco (1815-1888)

Nas *Memórias Biográficas*, lemos que esse santo educador amou muito São José. Ele demonstrou esse amor com atos contínuos em toda a sua vida. Havia nomeado São José um dos padroeiros do Oratório; havia colocado os operários sob sua proteção e o havia proclamado protetor dos estudantes, na hora dos exames. Recorria a ele em suas necessidades e estimulava os outros a invocá-lo. Durante o ano, à noite, muitas vezes, falava da eficácia de sua intercessão, mandava celebrar a festa do patrocínio no terceiro domingo depois da Páscoa, e costumava preparar os alunos para a festa, com pequenas conferências particularmente apaixonadas. Os jovens santificavam o mês dedicado a esse santo, na igreja, individualmente ou unidos em grupos sem regras particulares. Mas tão grande era a devoção que neles inculcava, que quase todos participavam daquela prática religiosa.

E, ainda, Dom Bosco, nas igrejas edificadas por ele, sempre quis que fosse construído um altar dedicado a São José. Demonstrou muita alegria e felicidade, quando o papa Pio IX proclamou-o Patrono da Igreja Universal e declarou, em 1871, que em todas as suas casas se celebrasse com os estudantes e com os operários a festa, no dia 19 de março, com a dispensa de qualquer trabalho. Naquele mesmo ano, no Piemonte, o dia 19 de março foi eliminado do número de dias festivos. No quadro de Nossa Senhora Auxiliadora, na Basílica a ela dedicada, em Turim, Dom Bosco mandou pintar, pelo famoso artista Lorenzoni, a imagem de São José.

Oferenda espiritual

"Não relaxeis no zelo. Sede fervorosos de espírito. Servi ao Senhor. Sedes alegres na esperança, pacientes na tribulação e perseverantes na oração. Socorrei as necessidades dos fiéis. Esmerai-vos na prática da hospitalidade" (Rm 12,11-13).

Jaculatória

Salvai, ó Deus, vosso servo, que espera em vós.

23º dia

Do Egito chamei meu Filho

Depois do episódio da adoração dos magos, esperaríamos o retorno da Sagrada Família a Nazaré, onde sabemos, pelo Evangelho de Lucas, aconteceu a anunciação. A viagem a Belém não devia ser senão um parêntese causado pelo recenseamento.

Mateus notifica a nós que, ao contrário, a volta não foi tão imediata e tranquila, porque a visita dos magos desencadeara o ciúme de Herodes, que explodiu no massacre dos inocentes. José teve de fugir depressa e ir, até mesmo, para o estrangeiro. "Depois que os magos partiram de volta, um anjo do Senhor apareceu em sonho a José e disse-lhe: 'Levanta-te, toma o menino e sua mãe, foge para o Egito e fica lá até que eu te avise. Pois Herodes está procurando o menino para matá-lo'. Levantando-se, José tomou o menino e sua mãe, de noite, e partiu para o Egito. E ali esteve até a morte de Herodes, a fim de que se cumprisse o que o Senhor falara pelo profeta: 'Do Egito chamei meu filho'" (Mt 2,13-15).

Esse "*chamar*" o Filho do Egito aconteceu somente depois que Herodes morreu. "Então um anjo do Senhor apareceu em sonho a José, no Egito, e disse-lhe: 'Levanta-te, toma o menino e sua mãe, e retorna à terra de Israel. Pois já morreram os que procuravam matá-lo'" (v. 19-20).

A história narrada aqui é semelhante à de tantos perseguidos políticos. É preciso deixar tudo: casa, parentes, trabalho, interesses e até a própria língua. É preciso recomeçar tudo de novo. Jesus quis experimentar a rejeição total: "Veio para o que era seu, mas os seus não o receberam" (Jo 1,11). Esse é o *fato* considerado em seu desenrolar histórico. Sabemos, todavia, que, por baixo dos episódios da história da salvação, há uma filigrana que nos ajuda a lê-los como *mistérios salvíficos*. De fato, a intenção de Mateus não é de nos emocionar com a narração das desventuras da *Sagrada Família*, mas de mostrar, no concreto, como Jesus revive a história de seu povo para lhe dar o acabamento, ou seja, para realizar seu significado, que era a libertação definitiva da escravidão, que é o pecado.

Paradoxalmente, o Egito, que havia sido o lugar de refúgio dos Patriarcas, por intermédio de Moisés e agora também por intermédio de Jesus, é igualmente também o lugar da opressão e o símbolo de qualquer escravidão. Entre refúgio e escravidão, o papel emergente do Egito, na história do Antigo Testamento, e também aqui, em Mateus, é o da escravidão. De fato, o evangelista não cita Oseias 2,15 (*do Egito chamei meu Filho*), quando conta o retorno do Egito, mas, já no momento da fuga, para fazer entender, com essa antecipação, que em todo o episódio está presente um mistério *salvífico*. Jesus realiza agora, em sua pessoa, a verdadeira libertação, apenas prefigurada por aquela do passado. Moisés não fora senão a sombra da realidade, ou seja, do verdadeiro libertador, que é Jesus. "Deste modo, o caminho do regresso de Jesus de Belém a Nazaré passou pelo Egito. Assim como Israel tinha tomado o caminho do êxodo 'da condição de escravidão' para iniciar a Antiga Aliança, assim *José, depositário e cooperador do mistério providencial de Deus*, também no exílio, vela por Aquele que vai tornar realidade a Nova Aliança" (RC 14).

Também, nesse *mistério salvífico*, José foi o instrumento de que o Pai se serviu para *chamar do Egito seu Filho*. Essa indispensável instrumentalidade de José, nas mãos do Pai, coincide com sua obediência absoluta: não apenas recebe a ordem, José levanta-se, toma consigo o menino e a mãe e foge, de noite, para o Egito, para voltar finalmente com o "libertador", para a terra de Israel.

Há um perfeito entendimento entre o Pai e José: Deus manda e José obedece. Deus sabe que pode contar com ele.

Testemunho
O bem-aventurado Tiago Alberione (1884-1971)

É mais um amigo de São José. Para exprimir sua devoção, ele quis acrescentar ao próprio nome, por ocasião de sua profissão religiosa, também o de José. Reconhecendo em São José a missão de apresentar Jesus ao mundo, juntamente com Nossa Senhora, (*apresentou-o aos pastores e aos magos e apresentou-o no Templo. Além disso, defendeu Jesus, guardou Jesus, educou Jesus... até introduzi-lo no mundo*), apontava-o como "modelo dos apóstolos" e a ele confiava suas obras de apostolado. A São José recorria nas dificuldades e com total confiança. Conta-se que, nos primeiros anos de suas atividades, para superar a resistência de alguns proprietários em vender os terrenos, nos quais desejava construir sua obra, dirigiu-se a São José. Com essa finalidade, mandou "semear" algumas medalhas de São José nos terrenos desejados e ficou esperando o êxito. São José fez o milagre. Os proprietários logo concordaram e venderam a propriedade sem maiores problemas.

O padre Alberione pregou e mandou fazer pregações, escreveu e mandou escrever muito sobre São José. Compôs também várias orações ao santo. Dedicou a ele igrejas, altares, estátuas e casas. Na cidade de Alba (Itália), no grande templo dedicado a São Paulo, ele quis que um altar fosse dedicado a São José.

Oferenda espiritual

"A caridade é paciente, a caridade é benigna, não é invejosa; a caridade não é orgulhosa, não se ensoberbece; não é descortês, não é interesseira, não si irrita, não guarda rancor; não se alegra com a injustiça, mas se compraz com a verdade; tudo desculpa, tudo crê, tudo espera, tudo tolera" (1Cor 13,4-7).

Jaculatória

Senhor, vós sois a minha salvação.

24º dia
Será chamado nazareno

Lucas apresenta, sem dificuldade, o quadro histórico da vida de Jesus, mostrando como a anunciação havia acontecido em Nazaré, na Galileia, e como lá tinha vivido a Sagrada Família, excetuando-se a breve temporada que compreende o nascimento de Jesus, em Belém, e as viagens a Jerusalém.

Ao contrário, Mateus parece querer justificar a qualificação de Jesus como "Nazareno", por meio da qual Ele era universalmente conhecido. Jesus era chamado precisamente "o Nazareno", apelativo que claramente mal condizia com o Messias, assim como também aquele de "Galileu". A quem sustentava que Jesus fosse o Cristo, outros replicavam: "Será por acaso da Galileia que há de vir o Cristo?" (Jo 7,41); ao próprio Nicodemos, um fariseu eminente, que defendia Jesus, outros refutavam: "Investiga e verás que da Galileia não sai nenhum profeta" (Jo 7,52).

Mas, como contra fatos não há argumentos, e Jesus, mesmo tendo nascido em Belém – de acordo com as Escrituras –, de fato tinha crescido em Nazaré e como galileu se havia manifestado ao mundo, Mateus só pode reconhecer nisso a vontade de Deus. Afirmará isso, claramente, quando Jesus, tendo deixado Nazaré, inicia seu ministério em Cafarnaum, na Galileia. Por que iniciar na Galileia e não na Judeia, em Jerusalém? A resposta deve ser procurada somente na vontade de Deus e mais precisamente nas palavras da Sagrada Escritura: "Para que se cumprisse o anunciado pelo profeta Isaías" (Mt 4,12-14).

Pela escolha de Nazaré, não poderia ser de outra maneira. Como, ao voltarem do Egito, reinava na Judeia Arquelau, tão terrível quanto seu pai Herodes, José foi para a Galileia. Também, aqui, a escolha do lugar vem atribuída diretamente a Deus e já fora fixada por projeto divino. José apenas recebe a informação em sonho (Mt 2,22) "E foi morar numa cidade chamada Nazaré, para que se cumprisse o que foi dito pelos Profetas: 'Será chamado nazareno'" (Mt 2,23).

José, como sempre, em toda a vida oculta de Jesus, foi o instrumento por meio do qual o Pai conservou oculta a vida do Filho, até o momento de sua manifestação pública: "O crescimento de Jesus, 'em sabedoria, em estatura e em graça' (Lc 2,52), deu-se no âmbito da Sagrada Família, sob o olhar de São José, que tinha a alta função de o 'criar'; ou seja, de alimentar, vestir e instruir Jesus na Lei e em um ofício, em conformidade com os deveres estabelecidos para o pai. No Sacrifício eucarístico a Igreja venera 'a memória da gloriosa sempre Virgem Maria... e também a de São José', porque foi quem 'sustentou Aquele que os fiéis deviam comer como Pão de vida eterna'. Por sua parte, Jesus 'era-lhes submisso' (Lc 2,51), correspondendo com o respeito às atenções de seus 'pais'. Dessa forma quis santificar os deveres da família e do trabalho, que ele próprio executava ao lado de José" (RC 16).

Aqueles que se refazem à espiritualidade de Nazaré encontram aqui um motivo especial de reflexão e de enriquecimento para a própria vida interior e apostólica.

Testemunho
O venerável Pe. Felice Prinetti (1842-1916), fundador das *Filhas de São José*, de Genoni

Padre Felice Prinetti cresceu na devoção a São José, na escola de seu irmão, padre Tiago, que implorou para ele, ao nosso santo, a vocação religiosa e sacerdotal. Mas também, graças a dom Vicente Gregório Berchialla, arcebispo de Cagliari (Itália), autor de alguns escritos muito inspirados sobre São José, do qual foi secretário.

A devoção a São José foi motivada, em Pe. Prinetti, pelas orientações, pela prática da Igreja e pelas necessidades da sociedade: *As chagas de nossa sociedade são principalmente duas: a revolta do orgulho contra a fé e a cobiça do dinheiro pela lei do trabalho.* A devoção a São José constitui o remédio contra essas chagas: ele é um modelo de fé humilde e pobreza ativa. É padroeiro universal da Igreja e modelo para todos os estados de vida na sociedade: *para as virgens e para os que estão unidos em matrimônio, para os pais e para os sacerdotes, para os nobres e para os operários, para os aflitos, para os vivos e para os moribundos, para os cidadãos em suas obrigações para com a autoridade civil.*

Como Oblato da Virgem Maria, ele sublinha a mediação de São José a respeito de Maria: *São José me conduz a Maria Santíssima e me diz: Eis a tua mãe.*

Oferenda espiritual

"Tende todos, um mesmo sentir, sede compassivos, fraternais, misericordiosos, humildes. Não pagueis mal com mal nem injúria com injúria. Ao contrário, abençoai, pois, fostes chamados para sedes herdeiros da bênção" (1Pd 3,8-9).

Jaculatória

Acolhei, ó Deus, vosso servo, conforme vosso amor.

25º dia

A permanência de Jesus no Templo

Já vimos o significado que tinha na lei hebraica o oferecimento do *primogênito*, que simbolizava a pertença total de Israel a Deus, "consagrado ao Senhor para sempre, propriedade exclusiva de Deus dentre todos os povos, reino de sacerdotes e uma nação santa" (Êx 19,5-6). O resgate, mais do que uma quitação, era o reconhecimento concreto do direito divino. Então, fica claro que Jesus, o qual representa todo o Israel, e que na narração da fuga para o Egito é identificado com ele (*do Egito chamei meu filho*, Mt 2,15), não podia ser resgatado de nenhum modo. De propósito, Lucas havia omitido, em sua narração, qualquer referência ao resgate, embora citando expressamente a lei que o prescrevia. Jesus é o verdadeiro "Oblato", a oferenda pura, santa, imaculada, já prefigurada em Isaac, como lembramos, no *Cânon romano*, da missa. Ele é a oferenda finalmente agradável a Deus, aquela que substitui todos os ritos do Antigo Testamento, que eram somente a sombra do verdadeiro e eterno sacrifício.

Recordemos a carta aos Hebreus: "Não quiseste sacrifícios nem oblações, mas me preparaste um corpo. Os holocaustos e sacrifícios pelo pecado não os recebeste. Então eu disse: 'eis-me aqui, venho para fazer, ó Deus, a tua vontade'. Em virtude daquela vontade – conclui o autor – fomos santificados pela oblação do corpo de Jesus Cristo, de uma vez para sempre" (Hb 10,5-8.10).

Coube exatamente a José, aqui, também, ministro da salvação, fazer a *oferenda do corpo de Jesus*. Ele se deu conta disso, doze anos mais tarde, quando Jesus, já adolescente, confirma, pessoalmente, o gesto paterno e, aos pais que há três dias o procuravam angustiados, responde: "Por que me procuráveis? Não sabíeis que eu devo ocupar-me das coisas de meu Pai?" (Lc 2,49). Papa João Paulo II comenta: "Ouviu estas palavras José, em relação ao qual Maria havia acabado de dizer 'teu pai'. Com efeito, era assim que as pessoas diziam e pensavam: Jesus, 'como se supunha, era filho de José' (Lc 3,23). Apesar disso, a resposta do próprio Jesus no Templo devia reavivar na consciência do 'suposto pai' aquilo que em uma noite, doze anos antes, ele tinha ouvido: 'José, ... não temas manter contigo Maria, tua esposa, *pois o que nela se gerou é obra do Espírito Santo*'. Já, desde então, ele sabia que era o depositário do mistério de Deus; e *Jesus*, com doze anos de idade, *evocou exatamente este mistério*: 'Devo ocupar-me das coisas de meu Pai'" (RC 15).

Quantos pais têm ou fazem "projetos" a respeito dos filhos! José toma cada vez mais consciência de que o exercício de sua paternidade sobre Jesus é guiado por um projeto que depende de uma "paternidade" superior. O próprio Jesus, o "filho" não tem "seu" projeto para contrapor ao de seus "pais". Acima de todos e de tudo está "o Pai", que tem um "projeto" para cada ser humano, individualmente. É somente a execução desse projeto que nos "realiza" verdadeiramente. O Concílio Vaticano II expressou essa verdade na afirmação: "o homem é a única criatura sobre a terra que Deus quis por si mesma" (GS 24). Por sua vez, Jesus nos ensinou a reconhecer esse projeto na vontade de Deus, regra suprema de sua própria vida: "Meu alimento é fazer a vontade daquele que me enviou e completar sua obra" (Jo 4,34); "Eu desci dos céus não para fazer minha vontade, mas a vontade de quem me enviou" (Jo 6,38). Quanto o projeto de Deus possa distanciar-se do nosso, José já havia percebido nas palavras de Simeão a Maria, exatamente por ocasião da apresentação de Jesus no Templo: "Quanto a ti, uma espada te atravessará a alma" (Lc 2,35).

Testemunho
Santo André (Alfred Bessette, 1845-1937), o "Irmão taumaturgo de Monte Royal"

Ele recomendava, com frequência, a devoção a São José. Para aqueles que recebiam a cura ele dizia: "É São José que faz os milagres, não eu. Eu sou apenas seu cãozinho". O nome de Irmão André está ligado ao *Oratoire* (Oratório), a maior basílica do mundo dedicada a São José, em Montreal (Canadá). A cada ano, pelo menos dois milhões de visitantes sobem até esse edifício para sentir o chamado divino dentro de suas paredes sagradas e para descobrir a presença de seu fundador, simples porteiro do Colégio Notre Dame. Ele começou com a construção de uma pequena capela, em 1904. Em 1917, foi construída uma igreja (a cripta) com disponibilidade para 1.000 lugares. Para realizar a obra, o Irmão André foi buscar fundos durante muitos anos, vendendo até o cabelo que cortava aos estudantes. A basílica superior foi inaugurada em 1955 e terminada em 1967. Com 3.000 lugares sentados e cerca de 10.000 em pé, tem 105 m de comprimento, 65 m de largura e 60 m de altura, no interior. Da base até ao ponto mais alto da cruz, tem 197 m de altura. Por ocasião da morte deste *cãozinho de São José*, um milhão de pessoas lhe prestou homenagem desfilando ao lado do ataúde dia e noite. Com sua vida e com seus humildes conselhos, o Irmão André revelou ao mundo inteiro a bondade e o poder da intercessão de São José.

Oferenda espiritual

"Fazei tudo sem murmurar nem hesitar, a fim de que sejais irrepreensíveis e puros, filhos de Deus sem mancha, no meio de uma geração má e perversa, onde brilhais como astros no mundo" (Fl 2,14-15).

Jaculatória

Vós sois meu refúgio, Senhor.

26º dia

A vida da Sagrada Família

Já acenamos ao significado do *mistério da Encarnação*, ou seja, como Jesus, assumindo a natureza humana, purifica-a e santifica-a em contato com sua divindade, em seu ser e em suas instituições. "Juntamente com a assunção da humanidade, em Cristo *foi também 'assumido' tudo aquilo que é humano e, em particular, a família*, primeira dimensão de sua existência na terra. Neste contexto foi 'assumida' também a paternidade humana de José" (RC 21).

Também já refletimos sobre a importância e o significado do matrimônio, seja no plano da criação, seja naquele da redenção e, em particular, aquele de Maria e José: "O Salvador deu início à obra da salvação com esta união virginal e santa, na qual se manifesta sua vontade onipotente *de purificar e santificar a família*, que é santuário do amor humano e berço da vida. Quantos ensinamentos promanam disto, ainda hoje, para a família! Uma vez que 'a essência e as funções da família se definem, em última análise, pelo amor' e que 'à família é confiada *a missão de guardar, revelar e comunicar o amor*', qual reflexo vivo e participação do amor de Deus pela humanidade e do amor de Cristo pela Igreja sua Esposa, é na Santa Família, nesta originária 'Igreja doméstica', que todas as famílias devem espelhar-se. Nela, efetivamente, por um misterioso desígnio divino, viveu escondido durante longos anos o Filho de Deus: ela constitui, portanto, o protótipo e o exemplo de todas as famílias cristãs" (RC 7).

"O vínculo de caridade – assim vem definido o matrimônio de Maria e José – constituiu a vida da Santa Família; primeiro, na pobreza de Belém, depois, durante o exílio no Egito e, em seguida, quando moravam em Nazaré. A Igreja circunda de profunda veneração esta Família, apresentando-a como modelo para todas as famílias. A Família de Nazaré, diretamente inserida no mistério da Encarnação, constitui ela própria um mistério particular" (RC 21).

"Na ordem da salvação e da santidade, a Família de Nazaré é o exemplo e o modelo para as famílias humanas" (RC 22). "Basta pensar que foi nela que Jesus cresceu: *O crescimento de Jesus, em sabedoria, idade e graça* (Lc 2,52) aconteceu no âmbito da santa Família sob os olhos de José" (RC 16).

No dia 14 de junho de 1992, foi celebrado o centenário da carta apostólica *Neminem fugit*, do papa Leão XIII, escrita para incrementar o culto à Santa Família. Pois bem, não é possível promover eficazmente a santidade da família cristã sem um real conhecimento e imitação da Santa Família que, por natureza, é *o protótipo e o exemplo de todas as famílias cristãs* (RC 7).

Daqui surge a urgência para os teólogos de aprofundarem a teologia da *Santa Família* à luz do *Mistério da Encarnação* e que a pastoral, por sua vez, divulgue a prática da consagração das famílias e dos indivíduos à santa Família de Nazaré. Não é possível uma teologia da família sem a teologia da Santa Família. De fato, a Santa Família não é somente um ponto de referência ou um exímio exemplo a ser imitado, mas é um *mistério de salvação*!

Testemunho
O bem-aventurado Pedro Bonilli (1841-1934) e São José "o dono de casa"

Ele fundou o *Instituto das Irmãs da Sagrada Família* e difundiu a devoção à Santa Família "não tanto sob o aspecto de rezar algumas orações, mas como meio de restauração da família e da sociedade". Como pároco de Cannaiola (diocese de Spoleto), na igreja por ele edificada, mandou colocar sobre o altar um magnífico grupo de escultura, talvez a primeira representação plástica significativa da *Santa Família*, na Itália. A figura de São José é tão majestosa, que um velhinho, ao ver chegar a estátua, disse: "Padre Pedro, o senhor mandou fazer um São José gigantesco!" E o pároco respondeu: "É gigante, porque gigantesca é sua santidade". Foi padre Bonilli que promoveu a inserção da invocação "Bendito seja São José, seu castíssimo esposo" na oração da bênção eucarística "Bendito seja Deus". Com dinheiro próprio, ele ainda providenciou uma estátua de São José para a catedral de Spoleto. Além de promover a imitação da *Santa Família*, ele dirigiu sua ação também para a celebração de sua festa. No dia 14 de junho de 1893, o papa Leão XIII aprovou e concedeu o *Ofício* e a *Missa da Santa Família*, decretando, assim, sua festa litúrgica.

Oferenda espiritual

"Já te foi dito, ó homem, o que convém, o que o Senhor reclama de ti: que pratiques a justiça, que ames a bondade, e que andes com humildade diante de teu Deus" (Mq 6,8).

Jaculatória

Em vossos projetos, ó Senhor, consiste minha alegria.

27º dia
A redenção do trabalho

No dia 1º de maio de 1955, papa Pio XII, por ocasião do 10º aniversário da ACLI (Associação dos Operários Católicos Italianos), indicava São José como patrono e modelo dos operários e instituía a festa litúrgica de *São José Operário*. Muitas confrarias, sobretudo de carpinteiros, haviam surgido em muitos lugares do mundo cristão com o título de São José. A honra atribuída, pelos séculos afora, ao humilde operário de Nazaré tem ajudado a descobrir a dignidade e o significado do trabalho, tanto mais que o próprio Filho de Deus, encarnando-se, quis ser considerado "o filho do carpinteiro" (Mt 13,55).

O papa João Paulo II, considerando a vida de Jesus, em Nazaré, onde ele "vivia submisso aos seus pais" (Lc 2,51), declara que "essa submissão", ou seja, a obediência de Jesus, na casa de Nazaré, deve ser entendida também como participação no trabalho de José. Aquele que era chamado "o filho do carpinteiro" havia aprendido o trabalho de seu *pai putativo* (RC 22). Dentre os deveres de um pai para com os filhos, de fato, vinha listado também aquele de instruí-lo na Torá e em uma profissão.

Na realidade, Jesus não havia somente aprendido de seu pai uma profissão, mas havia também compartilhado e assimilado aquela dimensão humana concreta que caracteriza o mundo do trabalho, ou seja, "o estado civil, a categoria social, a condição econômica, a experiência profissional, o ambiente familiar, a educação humana" (Paulo VI, *Homilia*, 19 de março de 1964).

"No crescimento humano de Jesus 'em sabedoria, em estatura e em graça' teve uma parte notável *a virtude da laboriosidade*, dado que 'o trabalho é um bem do homem', que 'transforma a natureza' e torna o homem, 'em certo sentido, mais homem'" (RC 23). Considerando a importância do trabalho na vida humana e na formação do homem, compreende-se porque *o trabalho humano* e, em particular o trabalho manual, *tem no Evangelho uma acentuação especial*. Juntamente com a humanidade do Filho de Deus ele foi acolhido no mistério da Encarnação, como também *foi redimido de maneira particular*. Graças ao seu banco de trabalho, no qual exercitava o próprio ofício juntamente com Jesus, José aproximou o trabalho humano do mistério da Redenção (RC 22). *Jesus não desdenhou trabalhar na oficina de seu pai e quis consagrar o trabalho humano com o seu suor divino*" (Pio XII, Encíclica *Fulgens radiator*, 21 de março de 1947).

Não meditaremos nunca o suficiente o *Mistério da Encarnação*. "Com a encarnação – sublinha o Concílio Vaticano II – o Filho de Deus se uniu, de certo modo, a cada homem. Trabalhou com mãos de homem, tornou-se verdadeiramente um de nós" (*GS* 22). Precisamente José iniciou Jesus nessa solidariedade, compartilhando com ele a fadiga e cooperando, na mais profunda intimidade e comunidade de vida e de trabalho, com a santificação da vida cotidiana.

O dia 1º de maio, que já foi *Festa de São José Operário*, agora é *"memória facultativa"* e corre o perigo de ser esquecido! Algumas paróquias aproveitam esse dia para celebrar as *Primeiras Comunhões*. Mas como o trabalho continua sendo uma atividade humana fundamental a ser santificada, a preocupação pastoral deveria estudar seriamente algumas iniciativas apropriadas para promover nessa data a santificação do trabalho.

Testemunho
Pe. Lataste (1832-1869), devoto de São José até a morte

Alcides Vitale Lataste era funcionário da *Receita*. Em seguida, tornou-se dominicano e tomou o nome de João José. Fundou uma Congregação religiosa para oferecer às mulheres saídas da prisão a possibilidade de se consagrarem a Deus.

No dia 3 de agosto de 1868, o superior-geral da Ordem dos Dominicanos, padre Jandel, relatou que entregou ao papa Pio IX uma carta dele, o Santo Padre leu-a e depois disse: "Este bom religioso, o padre Lataste, está oferecendo sua vida, em sacrifício, para conseguir que São José seja proclamado Patrono da Igreja e que seu nome seja incluído no Cânon da Missa. Isso é muito difícil, mas daqui a pouco tempo, não muito, São José vai ser considerado Patrono da Igreja. Padre Lataste será atendido o quanto antes. Mas, como condição, ele pede que São José assuma a obra de reabilitação das presas e compense o apoio humano que lhes faltam. Será atendido muito cedo". Dizendo isso, o papa Pio IX sorriu e acrescentou: "Já recebemos mais de quinhentas cartas que nos pedem para declarar São José Patrono da Igreja, mas somente o padre Lataste ofereceu a vida". Padre Lataste faleceu no dia 10 de março de 1869.

Oferenda espiritual

"Acaso o Senhor se compraz tanto nos holocaustos e sacrifícios como na obediência a sua voz? A obediência é melhor que o sacrifício; e a submissão vale mais que a gordura dos carneiros" (1Sm 15,22).

Jaculatória

Eu vos amo, Senhor, minha força, meu escudo, minha rocha de salvação!

28º dia

Um luminoso exemplo de vida interior

Certamente, o trabalho ocupou um lugar significativo na vida de São José, tanto é verdade que o Evangelho qualificou o próprio Jesus com o nome de uma profissão, definindo-o como *o filho do carpinteiro* (Mt 13,55), e a igreja celebra a festa de *São José Operário*. Perante os compromissos do trabalho e as preocupações que ele comporta, deveríamos talvez concluir que José, precisamente, por ficar demais debruçado sobre o trabalho manual, não poderia ser considerado um contemplativo?

Trabalho e contemplação parecem de tal forma opostos que requerem e legitimam dois gêneros de vida distintos; o ativo e o contemplativo com a difícil preocupação de estabelecer harmonia entre eles. Todavia, Santa Teresa de Jesus que, no século XVI, tornou-se promotora da renovação do culto a São José, na cristandade ocidental, escolheu como modelo de vida para a reforma do *Carmelo contemplativo*, justamente, São José, *um trabalhador*!

A essa altura devemos perguntar-nos se nosso conceito de vida contemplativa coincide ou não com o de Santa Teresa, uma vez que nós consideramos difícil reconciliar a contemplação com o trabalho. Digamos logo, contrariamente a quanto se pensa em geral, que a contemplação não é uma atividade puramente intelectual. De fato, São João da Cruz define a contemplação como a *ciência do amor*, ou seja, o amor é o ponto de partida e o ponto de chegada. O amor é o fruto maduro da contemplação, mas é também a cintila que lhe dá origem.

Daí se conclui que, sem amor, não existe contemplação, mas somente especulação, introspecção, interesse, curiosidade, intelectualismo. Ao contrário, entre aqueles que se amam, o amor é que os impele a pensar-se, procurar-se, encontrar-se, entregar-se; atividades estas que, por sua vez, nutrem o amor em um movimento de crescimento constante.

É fácil compreender que um pai ou uma mãe não desviam o pensamento dos filhos, quando estão no escritório ou no trabalho fora de casa. Aliás, é exatamente o amor pelos filhos que os motiva, ainda mais, no trabalho e no sacrifício que ele requer.

Não foi em vão que o papa João Paulo II, na Exortação *O Guarda do Redentor,* tratou do trabalho de São José colocando por título de um capítulo: *O trabalho como expressão do amor,* e introduz o assunto com estas palavras: "A expressão cotidiana deste amor na vida da Família de Nazaré foi o trabalho". Portanto, fica bem claro que ação e contemplação encontram sua integração ideal somente no amor.

O que dizer de São José? São José era motivado por seu amor esponsal e paternal a viver para Maria e para Jesus. Jesus e Maria, por sua vez, retribuindo tal amor, contribuíram para aumentá-lo infinitamente. O papa João Paulo II assim resume essa relação: "Uma vez que o amor 'paterno' de José não podia deixar de influir sobre o amor 'filial' de Jesus e, vice-versa, o amor 'filial' de Jesus não podia deixar de influir sobre o amor 'paterno' de José, como chegar a conhecer as profundezas desta singularíssima relação? Justamente, pois, as almas mais sensíveis aos impulsos do amor divino veem em José um exemplo luminoso de vida interior" (RC 27).

Quem poderá medir o amor de São José? O venerável padre Jerônimo Gracián escreve em sua *Josefina*: "São João Evangelista, que uma vez se inclinou sobre o peito de Jesus, é chamado pelo Senhor o discípulo amado; qual não será então o amor de São José, que sobre ele tantas vezes se inclinou? E não somente José se inclinou sobre o peito de Jesus, mas numerosas vezes Jesus dormiu sobre o peito de José, colocando sua boca divina sobre aquele coração, amando-o, queimando-o e produzindo feridas de amor! E José vigiava seu sono, contemplando os mistérios contidos no coração de Cristo, motivando-se cada vez mais a amá-lo e enlevando-se em êxtase... Pela atenção e preocupação em amar e servir a Deus, José chegou a amar e ser amado com força, e desta força passou ao aumento e, por fim, ao cume do amor, de tal modo que não podia exprimi-lo de outra forma senão dizendo que, depois de Maria, José amou como José".

Em conclusão, se "os evangelhos falam exclusivamente do que José 'fez', todavia, permitem imaginar em suas 'ações', circundadas pelo silêncio, um clima *de profunda contemplação*" (RC 25).

Testemunho
O bem-aventurado José Baldo (1843-1915), sacerdote de fronteira

Sua devoção a São José já está expressa no nome que ele quis dar a sua fundação, em 1894: *Pequenas Filhas de São José*. Todas as obras por ele fundadas, em Ronco all'Ádige (Itália), onde foi nomeado pároco em 1877, foram realizadas em nome de São José e colocadas sob sua proteção. Seu discurso inteiro, por ocasião dos vinte e cinco anos de ministério paroquial, foi um hino de agradecimento ao grande Patriarca: "Não tenho palavras para expressar a proteção de São José. Coloquei-me debaixo de seu manto antes de colocar o pé nesta igreja. E, quando fracassava toda e qualquer esperança humana, confortava-me o pensamento de que São José teria me ajudado: 'spes' contra 'spem' (esperando contra toda esperança), e nem uma única vez fiquei decepcionado. Senti de verdade seu patrocínio: São José e a Sociedade Operária; São José e o Hospital; São José e o Instituto de suas Filhas".

Assim testemunha uma de suas biografias: "Lendo seus inúmeros escritos sobre São José, temos a impressão de entrar no

limiar de um templo e de penetrar em uma mansão de silêncio e de presença de Deus, onde surge a figura alta e solene, simples e silenciosa do chefe da Família de Nazaré".
Um apóstolo que tem como pano de fundo São José.

Oferenda espiritual

"Tudo o que fizerdes, fazei-o de bom coração, para o Senhor e não para os homens, certos de que recebereis, como recompensa, a herança das mãos do Senhor. Servi a Cristo, Senhor" (Cl 3,23-24).

Jaculatória

Suba a vós, ó Senhor, a minha oração.

29º dia

A morte que todos gostaríamos de ter

Dentre as Confrarias que surgiram em honra a São José, a mais sentida e difundida foi aquela que se refere a sua piedosa morte. Ela está presente com diferentes nomes: dos *Agonizantes*, da *Boa Morte*, do *Trânsito*. Todos esses *sodalícios* foram instituídos com o intuito de suplicar a São José que interceda pelos moribundos.

Como em nossas reflexões consideramos sempre São José à luz da doutrina da Exortação *O Guarda do Redentor*, que o apresenta rigorosamente inserido no *Mistério da Encarnação* e em sua missão de *ministro da salvação*, podemos compreender facilmente como sua piedosa morte deva necessariamente ser considerada sob outro aspecto: de fato, em sua morte, ele não é mais *ministro da salvação*, no que diz respeito à humanidade de Cristo; pelo contrário, ele é somente um *beneficiário* da salvação, embora evidentemente privilegiado, porque foi assistido diretamente por Jesus, seu filho, e por Maria, sua esposa.

É importante distinguir, nos mistérios da vida de Cristo, o acontecimento em si mesmo e sua eficácia a nosso respeito. De fato, nós participamos da eficácia dos mistérios de Cristo, mas nós não cooperamos com acontecimentos de sua vida como ministros, missão própria de Maria e de José. José, de fato, teve também o privilégio de participar de modo único na eficácia dos mistérios de Cristo, uma vez que, por sua paternidade singular, ele se encontrou em *uma relação que o coloca mais próximo possível de Cristo, termo de toda escolha e predestinação* (RC 7).

Portanto, a piedade dos fiéis entendeu, muito bem, a clareza desse privilégio do *trânsito* de São José, desde os primeiros séculos de nossa era. Temos, de fato, vários testemunhos da igreja copta monofisista do Egito que celebra a morte do santo, no dia 20 de julho, seguindo uma narração sugestiva intitulada *História de São José, o Carpinteiro*, que foi escrita no século II, antes da expulsão dos judeu-cristãos de Nazaré, por ordem do imperador Heráclio (século VII).

A *História de São José, o Carpinteiro*, é uma narração posta na boca de Jesus, o qual teria contado aos apóstolos, no Monte das Oliveiras, a vida inteira de São José, demorando-se, sobretudo, nos particulares de sua morte e na promessa de bênçãos especiais reservadas a quem o tivesse honrado com especial devoção. A *história* tornou-se conhecida no Ocidente em 1522, graças ao Dominicano, Isidoro Isolani, grande devoto de São José, e assim se difundiu até os dias de hoje.

Papa Bento XV, recomendando aos *sagrados Pastores* o dever deles de promover, com todo o prestígio de sua autoridade e de seus favores, entre os pios Sodalícios, aqueles que foram instituídos para suplicar a São José a favor dos moribundos, indica seu verdadeiro motivo: "porque ele é, na verdade, considerado como o mais eficaz protetor dos moribundos, tendo expirado com a assistência de Jesus e de Maria" (Motu próprio *Bonum sane*, 25 de julho de 1920).

Na *Ladainha de São José*, esse patrocínio é lembrado com três invocações: *Esperança dos doentes, Padroeiro dos Moribundos, Terror dos demônios.*

É igualmente linda a oração que está presente no *Ritual Romano*: "A vós recorro, ó São José, padroeiro dos moribundos; e a vós, a cujo feliz trânsito assistiram vigilantes Jesus e Maria, recomendo com fervor, por este precioso penhor de ambos, a alma deste servo empenhado na luta extrema, para que seja libertado, por vossa proteção, das insídias do demônio e da morte eterna, e mereça chegar às alegrias eternas".

Por que não transcrever essa linda oração e continuar a rezá-la juntamente com as outras orações do novo *Ritual*? Assim também deveria tornar-se fácil e familiar a oração: "Ó São José, pai de Jesus Cristo e esposo de Maria Virgem, rogai por nós e pelos agonizantes deste dia" (ou *desta noite*).

Testemunho
O bem-aventurado Bartolo Longo (1841-1926)

Ele é conhecido, sobretudo, como o apóstolo do Rosário, e também por sua devoção a São José, como deve ser para quem ama de verdade Maria, que é sua esposa. Publicou oito livrinhos sobre São José, incluindo um chamado *Mês de Março*. Venerou São José, particularmente, como padroeiro da Boa Morte, esforçando-se para obter da Santa Sé a celebração da *Liturgia do Trânsito*, a ser comemorada no dia 20 de julho. Na grandiosa Basílica de Pompeia, quis que fosse erigido um altar dedicado ao *Trânsito*.

Para a construção do altar, também contribuiu a própria mulher de Bartolo Longo, a condessa Mariana De Fusco, a qual obteve, em 1888, pela intercessão de São José, a cura repentina de uma filha de quinze anos, que tinha uma pneumonia gravíssima, mortal naqueles tempos. O altar, ornamentado com uma tela valiosa do pintor Ponziano Loverini, de Bérgamo, foi consagrado em 1890. Ao redor do altar foi erguida, quatro anos mais tarde, a *Pia União para os Agonizantes,* sob o patrocínio de São José, na qual se inscreveu, por primeiro, o papa Leão XIII. Rapidamente os sócios ultrapassaram 100.000, espalhados no mundo inteiro. Foi também colocada uma linda estátua de São José na entrada do pátio do santuário.

Oferenda espiritual

"Toda amargura, ira, indignação, gritaria e calúnia sejam desterradas do meio de vós, bem como toda malícia. Antes, sede uns com os outros bondosos e compassivos. Perdoai-vos uns aos outros, como também Deus vos perdoou em Cristo" (Ef 4,31-32).

Jaculatória

Jesus, Maria, José, eu vos dou meu coração e minha alma.

Jesus, Maria, José, assisti-me na última agonia.

Jesus, Maria, José, expire em paz entre vós minha alma.

30° dia

Modelo e patrono da Igreja

São José, felizmente, foi apresentado pelo papa Paulo VI como "o tipo do Evangelho que Jesus, deixando a carpintaria de Nazaré e iniciando sua missão de profeta e de mestre, anunciará como programa para a redenção da humanidade. São José é o modelo dos humildes que o cristianismo eleva a grandes destinos. São José é a prova de que para sermos bons e autênticos seguidores de Cristo não são indispensáveis 'grandes coisas', mas são suficientes e necessárias virtudes comuns, humanas, simples, mas verdadeiras e autênticas" (*Homilia*, 19 de março de 1969).

O papa João Paulo II, também, propõe a todo povo cristão o insigne exemplo de São José, para que "tenha sempre perante os olhos a sua maneira humilde e madura de servir e de participar na economia da salvação. De fato, eu penso que considerar a participação do esposo de Maria, nesse aspecto, consentirá à Igreja, a caminho do futuro juntamente com toda a humanidade, encontrar constantemente a própria identidade no âmbito de tal projeto redentor, que tem o seu fundamento no Mistério da Encarnação" (RC 1).

Ao lado de seu papel singular de *modelo*, a Igreja reconheceu, oficialmente, São José, no dia 8 de dezembro de 1870, também como *Patrono da Igreja Universal*. Encontrando-se a Igreja em graves dificuldades, papa Pio IX pensou justamente que o melhor seria dirigir-se àquele que gozava, perante Deus, de uma *excelsa digni-*

dade: a Imaculada Virgem Maria era sua esposa e Jesus dignara-se de ser acreditado como seu filho e, como tal, ficou submisso a ele.

O Papa João Paulo II relembra os motivos de confiança, da Igreja em São José, já expostos pelo papa Leão XIII: "Os motivos pelos quais o bem-aventurado José deve ser considerado especial patrono da Igreja – e a Igreja, por sua vez, confiar devotadamente a sua tutela e a seu patrocínio – nascem, principalmente, do fato de ser ele esposo de Maria e pai putativo de Jesus. Em seu tempo, José foi legítimo e natural guarda, chefe e defensor da Divina Família.

Por isso, é sumamente digno e conveniente, ao bem-aventurado José que, daquela forma como ele costumava defender santamente a Família de Nazaré, em todos os eventos, agora, deste mesmo modo, proteja e defenda a Igreja de Cristo com o seu patrocínio celeste" (RC 28).

Na oração – *A vós, São José* – que rezamos, no final dos mistérios do Rosário, há uma lista de motivos que justificam recorrer a ele: a peste de erros e de vícios, a luta contra o poder das trevas, as ciladas de seus inimigos e toda adversidade. "Também, hoje – considera o papa João Paulo II – temos constantes motivos para recomendar todo homem a São José" (RC 31). "Este patrocínio deve ser invocado e continua sempre a ser necessário à Igreja, não apenas para defendê-la dos perigos, que continuamente se levantam, mas também e, sobretudo, para a confortar em seu renovado empenho de evangelização do mundo e de levar por diante a nova evangelização dos países e nações 'onde – como eu escrevia na Exortação Apostólica Christifideles laici – a religião e a vida cristã foram em tempos tão prósperas', mas 'se encontram hoje submetidas a dura provação'. Para levar o primeiro anúncio de Cristo ou para voltar a apresentá-lo onde ele foi transcurado ou esquecido, a Igreja precisa de uma particular 'força do Alto' (cf. Lc 24,49), que é dom do Espírito do Senhor, certamente, mas não anda disjunta da intercessão e do exemplo de seus santos" (RC 29).

Perante esses graves compromissos que a absorvem e, na medida em que sente sempre mais a própria incapacidade, a Igreja recorre à segura proteção de São José. Assim declara o papa Paulo VI: "A Igreja o quer como protetor por causa da inabalável confiança que ele – a quem o Cristo quis confiar a proteção de sua frágil infância humana – vai continuar lá do céu sua missão tutelar como guia e defesa do 'Corpo místico' do próprio Cristo, sempre frágil, sempre insidiado, sempre em perigo dramático" (Homilia, 19 de março de 1969).

Além de lógico, é necessário que o título *Patrono da Igreja Universal* tenha novamente seu lugar no *Calendário Litúrgico*, ao lado daquele de *Esposo da bem-aventurada Virgem Maria*.

Testemunho
São José Manyanet (1833-1901) e o Templo da Sagrada Família, em Barcelona (Espanha)

O nome do Manyanet está ligado à *Santa Família de Nazaré*, que ele quis propor a todas as famílias para que "cada família fosse uma santa família".

Teve uma predileção pela pessoa mais humilde da *Família de Nazaré*, e todavia seu chefe, ou seja, por São José, do qual tinha o nome. Em 1864, em Tremp (Lérida), colocou as bases da fundação de duas congregações religiosas: as *Filhas* e os *Filhos da Sagrada Família Jesus, Maria e José,* cuja primeira casa ele dedicou precisamente a São José, motivo pelo qual os religiosos eram chamados de *Josepets, ou seja,* Josefinos.

Desejando que São José fosse proclamado *Patrono da Igreja*, como remédio para os males que afligiam a sociedade, em 1869, teve a inspiração de construir um templo expiatório em honra a São José. Essa ideia, comunicada, depois, ao senhor José M. Bocabella, fundador da *Asociación Josefina,* de Barcelona, deu origem ao *"Templo Expiatório da Sagrada Família",* o qual tornou imortal o genial arquiteto, agora já *Servo de Deus,* Antoni Gaudí. Embora não acabado, o *"Templo da Sagrada Família",* símbolo de Barcelona, é motivo de admiração e encantamento.

Difundiu, também com escritos, o conhecimento e a devoção a São José, "o mais felizardo e favorecido filho de Davi, chefe da casa de Nazaré e senhor de todos os seus bens, meu amado Pai..." Perante uma imagem de São José, ele depositava todas as noites as chaves da casa e, simbolicamente, as de toda a Congregação.

Oferenda espiritual

"Tenho para mim que os sofrimentos da presente vida não têm proporção alguma com a glória futura que nos deve ser manifestada" (Rm 8,18).

Jaculatória

O Senhor é meu pastor: não me falta coisa alguma!

31º dia

A grandeza de São José

Há contradições evidentes acerca da figura de São José. Por um lado, tem-se a obstinada superficialidade daqueles que, erroneamente convencidos de que ele seja teologicamente insignificante, continuam a alimentar o próprio sentimentalismo em fontes de literatura apócrifa, convencidos de que os Evangelhos pouco se interessam por ele. Entretanto, já vimos como essa ideia é totalmente privada de fundamento. Pois, por outro lado, tem-se a pregação da Igreja apostólica que, ao contrário, honrou de maneira soberana São José com os prestigiosos títulos de *"Pai de Jesus"*, *"Esposo de Maria"*, *"filho de Davi"* e com o atributo de *"justo"*. Evidentemente, não existe ninguém, nem no céu nem na terra, com exceção de Maria, que possa orgulhar-se de títulos superiores. E a Igreja, pós-apostólica, por sua vez, não somente conserva esses títulos de São José, como também acrescenta outros a esses, reconhecendo assim seu patrocínio universal.

A Exortação Apostólica *O Guarda do Redentor*, do papa João Paulo II, expondo a missão de São José, descreve-o como o homem justo que carrega consigo todo o patrimônio da Antiga Aliança; aquele a quem Deus confiou a guarda de seus tesouros mais preciosos; o mais próximo possível de Cristo; depositário do mesmo amor do Pai eterno; introduzido no mistério da maternidade de Maria; ministro da salvação; primeiro e singular depositário do mistério divino do qual participou como nenhuma outra pessoa humana, com exceção de Maria; o primeiro a participar da fé da Mãe de Deus, de cuja dignidade ele se aproximou mais do que ninguém; testemunha privilegiada da vinda do Filho de Deus ao mundo, da adoração dos pastores e da homenagem dos magos. Aquele que Deus escolheu para ser o ordenador do nascimento do Senhor. Aquele que foi encarregado de prover à ordenada inserção do Filho de Deus no mundo. Aquele, a cuja guarda inteligente Deus confiou os inícios de nossa redenção e toda a vida oculta de Jesus.

A esse elenco incompleto das características que dizem respeito à *missão* de São José, devemos acrescentar outro, sempre à luz da mesma *exortação*, de características que se referem à *pessoa* de São José. Ele cuidou amorosamente de Maria, para a qual fez o dom esponsal de si, respeitando sua pertença exclusiva a Deus; dedicou-se com alegre empenho à educação de Jesus; aproximou o trabalho humano ao *Mistério da Redenção*; serviu exemplarmente ao Redentor, fazendo de toda a sua existência um sacrifício total às exigências da vinda do Messias na própria casa; com maturidade serviu e participou da economia da salvação; manifestou uma vontade disponível semelhante à de Maria; permaneceu fiel até a morte ao chamado de Deus, distinguindo-se pela fiel execução dos mandatos de Deus.

O prolongamento da missão de São José sobre o corpo místico de Jesus, que é a Igreja, coloca em luz seu patrocínio, que deve ser invocado e ainda é necessário à Igreja, a qual confia no exemplo insigne de São José, um exemplo que supera todo estado de vida e propõe-se a toda a comunidade cristã. São José é, para todos, como um mestre especial em servir à missão *salvífica* de Cristo, exemplo esse que na Igreja diz respeito a cada um e a todos.

O papa João Paulo II conclui a Exortação Apostólica *O Guarda do Redentor* de maneira significativa, invocando São José para que dê à Igreja e ao mundo, assim como também a cada um de nós, a bênção do Pai, do Filho e do Espírito Santo.

Testemunho
A presença de São José, na Basílica Vaticana

Na tarde do dia 19 de março de 1963, o papa João XXIII parou junto ao *transepto* esquerdo da Basílica Vaticana, no altar central dedicado a São José, para descerrar e benzer o mosaico transposto da tela do pintor milanês, A. Funi. Logo depois, ele explicou: "A cerimônia, desta tarde, foi um verdadeiro encanto, suavidade e encorajamento para nossa alma. Benzemos a imagem de São José, em seu altar. Era nossa vontade realizar esse ato de piedade para com o esposo castíssimo de Maria, o guarda de Jesus, e coroar, assim, a promessa de nosso coração para ver reacender, também, no templo supremo da cristandade, a devoção a São José, protector Sanctae Ecclesiae – protetor da Santa Igreja e do Concílio Vaticano II". Concluía-se, dessa forma, um longo percurso que teve início, em 1850, com a decisão de dedicar a São José um altar, confiando a execução do quadro ao grande pintor, Fabrício D'Ambrogio, de Arienzo (Caserta-Itália). A imagem foi colocada na *Capela do Crucifixo* (ao lado da estátua da Pietá), na qual um altar foi dedicado ao *Josepho Sancto Custodi Dei Pueri*. Foi substituída, em 1892, por um lindo mosaico colorido, obra de F. Grandi, pintor, e de F. L. Campanili, especialista em mosaicos. Infelizmente, a posterior instalação de um elevador, na referida capela, tornou-a inacessível ao público, recolocando de novo o problema da veneração a São José, problema que foi definitivamente resolvido com a decisão do papa João XXIII.

Oferenda espiritual

"Além disso, irmãos, tudo o que é verdadeiro, tudo que é nobre, tudo que é justo, tudo que é puro, tudo que é amável, tudo que é de boa fama, tudo que é virtuoso e louvável, eis o que deve ocupar vossos pensamentos. O que aprendestes, o que recebestes, o que ouvistes e o que observastes, em mim, praticai; e o Deus da paz estará convosco" (Fl 4,8-9).

Jaculatória

Criai em mim, ó Deus, um coração puro.

Orações a São José

O frade Giovanni de Fano (1469-1539) narra ter aprendido que São José – depois de ter salvado dois frades da morte certa por naufrágio – disse-lhes: "Eu sou São José, digníssimo esposo da bem-aventurada Mãe de Deus, a quem vocês tanto se recomendaram. Ultimamente eu pedi à clemência infinita de Deus que toda e qualquer pessoa que diga, todos os dias, durante um ano, sete Pai-nossos e sete Ave-Marias, meditando as Sete Dores que eu senti no mundo, obterá de Deus qualquer graça que seja conforme seu bem espiritual". E qual graça pode ser maior e mais desejável do que a salvação eterna da alma? Essa prática piedosa, aprovada pela Igreja, difundiu-se amplamente por vários séculos, sob a denominação de *As Sete Dores e as Sete Alegrias de São José*.

Em nome do Pai e do Filho e do Espírito Santo. Amém.
Ó Deus, vinde em meu auxílio.
Senhor, socorrei-nos e salvai-nos.
Glória ao Pai...

Dores e alegrias de São José

Esquema I

1. Ó puríssimo, esposo de Maria Santíssima, glorioso São José, assim como foi grande a amargura e a angústia de vosso coração na perplexidade de abandonardes vossa castíssima esposa, por se tornar Mãe de Deus, também foi inexplicável vossa alegria, quando pelo anjo vos foi revelado o soberano mistério da Encarnação.

Por esta vossa dor e por esta vossa alegria, rogamos-vos a graça de consolardes, agora e nas extremas dores, nossa alma com a alegria de uma boa vida e de uma santa morte, semelhante a vossa, entre Jesus e Maria.
Pai-nosso, Ave-Maria, Glória ao Pai.

2. Ó glorioso, Patriarca São José, que fostes escolhido para a dignidade de pai do Verbo humanizado, a dor que sentistes ao ver nascer em tanta pobreza o Deus Menino, se vos trocou em celestial júbilo ao escutardes a angélica harmonia e ao verdes a homenagem tributada ao Menino pelos pastores e pelos magos.

Por esta vossa dor e por esta vossa alegria, obtende-nos que depois das vicissitudes da vida terrena, possamos ouvir os angélicos louvores e gozar os resplendores da glória celeste.
Pai-nosso, Ave-Maria, Glória ao Pai.

3. Ó glorioso São José, que fostes, sumamente, fiel à lei divina transmitida ao povo eleito. O Sangue que o Menino Jesus derramou no rito da circuncisão transpassou vosso coração, mas vos consolou a tarefa de impor ao Menino o nome de Jesus, como vos foi comandado pelo anjo.

Por esta vossa dor e por esta vossa alegria, alcançai-nos que, purificados de todo pecado, possamos viver e morrer com o nome de Jesus no coração e nos lábios.
Pai-nosso, Ave-Maria, Glória ao Pai.

4. Ó amável São José, que também tivestes parte nos mistérios de nossa Redenção, se a profecia de Simeão a respeito do que Jesus e Maria tinham de sofrer, causou-vos mortal angústia, todavia vos consolou a certeza da salvação e gloriosa ressurreição que igualmente predisse para inumeráveis almas.

Por esta vossa dor e por esta vossa alegria, obtende-nos que, pelos méritos de Jesus e pela intercessão da Virgem Maria, também nós possamos ser contados no número dos eleitos.
Pai-nosso, Ave-Maria, Glória ao Pai.

5. Ó glorioso São José, vigilante guarda do Filho de Deus, quanto penastes para salvar das insídias homicidas de Herodes o Filho do Altíssimo, e também pela fuga que tivestes que fazer para o Egito. Mas qual não foi também vossa alegria por terdes sempre convosco a confortadora presença de Jesus e de Maria.

Por esta vossa dor e por esta vossa alegria, obtende-nos que, superando os perigos do mundo e as insídias do Maligno, possamos viver santamente, no serviço de Deus e do próximo mais necessitado.
Pai-nosso, Ave-Maria, Glória ao Pai.

6. Ó anjo protetor da Sagrada Família, glorioso São José, a volta do Egito e o projeto de morar em Belém foram perturbados pelo temor de Arquelau, mais cruel que seu pai Herodes; mas vos trouxe grande alegria a palavra do anjo, para irdes habitar em Nazaré, em companhia de Jesus e Maria.

Por esta vossa dor e por esta vossa alegria, obtende-nos que sejamos libertados de temores e apreensões, para cumprirmos nossos deveres no sereno ambiente da família e do trabalho, sob o olhar paternal de Deus.
Pai-nosso, Ave-Maria, Glória ao Pai.

7. Ó chefe exemplar da Sagrada Família, glorioso São José, perdestes sem culpa vossa o Menino Jesus e, com grande angústia, o procurastes por três dias juntamente com Maria, até o encontrardes no Templo entre os doutores.

Por esta vossa dor e por esta vossa alegria, suplicamos vosso valimento para nunca perdermos a Jesus

por culpa grave. **Mas se por desgraça o perdermos, valei-nos para que o encontremos misericordioso, especialmente na hora de nossa morte, para cantarmos eternamente convosco no céu sua glória.**
Pai-nosso, Ave-Maria, Glória ao Pai.

Esquema II

1. Ó São José, pela dor e pela alegria que sentistes por ocasião da maternidade de Maria Virgem, assisti-nos paternalmente na vida e na morte.
Pai-nosso, Ave-Maria, Glória ao Pai.

2. Ó São José, pela dor e pela alegria que sentistes por ocasião do nascimento de Jesus Menino, assisti-nos paternalmente na vida e na morte.
Pai-nosso, Ave-Maria, Glória ao Pai.

3. Ó São José, pela dor e pela alegria que sentistes por ocasião da circuncisão de Jesus menino, assisti-nos paternalmente na vida e na morte.
Pai-nosso, Ave-Maria, Glória ao Pai.

4. Ó São José, pela dor e pela alegria que sentistes por ocasião da profecia de Simeão, assisti-nos paternalmente na vida e na morte.
Pai-nosso, Ave-Maria, Glória ao Pai.

5. Ó São José, pela dor e pela alegria que sentistes por ocasião da fuga para o Egito, assisti-nos paternalmente na vida e na morte.
Pai-nosso, Ave-Maria, Glória ao Pai.

6. Ó São José, pela dor e pela alegria que sentistes por ocasião de vosso retorno a Israel, assisti-nos paternalmente na vida e na morte.

Pai-nosso, Ave-Maria, Glória ao Pai.

7. Ó São José, pela dor e pela alegria que sentistes por ocasião da perda e do reencontro de Jesus no Templo, assisti-nos paternalmente na vida e na morte.
Pai-nosso, Ave-Maria, Glória ao Pai.

Esquema III
(Para as famílias)

1. **O Mistério da Encarnação e São José** *(Mt 1,18-25)*
   Ó São José, homem justo e casto, o mistério da maternidade de Maria, vossa esposa, causou-vos angústia e tormento. Mas, na revelação do anjo, soubestes aceitar o chamado de Deus e colocar toda a vossa vida a serviço da Encarnação de Jesus e da salvação da humanidade.
   Concedei a nós, vossos devotos, que possamos ter sempre clara e luminosa nossa vocação de pais cristãos, cumprindo na vida a vontade de Deus; e concedei-nos obter vocações santas para a Igreja, nascidas em nossos lares.
   Pai-nosso, Ave-Maria, Glória ao Pai.

2. **O nascimento de Jesus em Belém** *(Lc 2,1-20)*
   Ó São José, em Belém, fostes o primeiro, depois da Virgem Maria, a estreitar nos braços o Menino Jesus, iniciando assim vossa missão de representar o Pai celeste e de guardar na terra o Filho de Deus e sua Mãe.
   Sede modelo para nós, pais cristãos, que, como vós, recebemos de Deus os filhos que temos; e sustentai-nos no esforço cotidiano de manter unida nossa família contra os ataques do pecado.
   Pai-nosso, Ave-Maria, Glória ao Pai.

3. **Circuncisão e apresentação de Jesus no Templo** *(Lc 2,21-35)*
   Ó São José, homem obediente, impondo ao Salvador o nome de Jesus na circuncisão, compreendestes como toda a redenção nasce da obediência e do sacrifício.

Rogai por nós, pais cristãos, para que aprendamos na obediência interior e ativa a trabalhar para Deus, lembrando-nos de que é esta nossa missão: educar os filhos no espírito do Evangelho e no desejo de servir à Igreja e aos irmãos.
Pai-nosso, Ave-Maria, Glória ao Pai.

4. Fuga e permanência no Egito *(Mt 2,13-18)*
As dificuldades, ó José, que encontrastes na fuga e permanência no Egito, tornam-vos muito semelhante a quem sofre pela injustiça e pelo egoísmo dos homens.

Vós, que no grande amor por Jesus e Maria, encontrastes a força para superar todos os obstáculos, fazei com que também nós, vossos devotos, encaremos sempre as dificuldades com espírito de fé e tenhamos grande confiança a bondade do Pai, que tudo dispõe para o bem de seus filhos.
Pai-nosso, Ave-Maria, Glória ao Pai.

5. Volta do Egito *(Mt 2,19-23)*
Ó São José, homem prudente, na volta do Egito soubestes que novos perigos pairavam sobre a Sagrada Família e, obedecendo à ordem do anjo, agistes com grande responsabilidade, procurando o menor risco para Jesus e Maria.

Defendei agora nossa família de todos os perigos espirituais e morais que a ameaçam e fazei com que também nós, pais cristãos, sejamos em tudo obedientes às inspirações de Deus e conscientes de nossas responsabilidades.
Pai-nosso, Ave-Maria, Glória ao Pai.

6. Perda de Jesus adolescente *(Lc 2,41-50)*
Ó São José, homem devotado à Sagrada Família, no episódio desconcertante da perda de Jesus adolescente, sofrestes as maiores angústias de vossa vida, e não sossegastes até reencontrá-lo são e salvo no Templo.

Concedei aos pais que sofrem por causa de filhos rebeldes ou desaparecidos, afastados de Deus ou caídos

no vício, a consolação de um dia reencontrá-los recuperados e de novo os estreitar nos braços com afeto redobrado.
Pai-nosso, Ave-Maria, Glória ao Pai.

7. Vida oculta em Nazaré *(Lc 2,51)*
Ó São José, homem do silêncio, ativo, nos longos anos que vivestes em Nazaré com Jesus e Maria, fostes assíduo à oração e ao trabalho e destes testemunho de desapego total das coisas do mundo.
Obtende também para nós, pais cristãos, a graça de cuidarmos do bem-estar de nossa família, mas sem nos tornarmos materialistas e esquecidos de Deus, para sabermos, assim, transmitir a nossos filhos o testemunho do trabalho honesto, do sacrifício perseverante e do serviço desinteressado, por amor de Jesus e de sua Igreja.
Pai-nosso, Ave-Maria, Glória ao Pai.

Oração conclusiva para os três esquemas

Neste encontro de oração, concedei-nos, Deus todo-poderoso, a mesma fidelidade e pureza de coração que levaram São José a servir vosso Filho único, nascido da Virgem Maria. Ele que vive e reina nos séculos dos séculos. Amém!

Ladainha de São José
(Aprovada por São Pio X)

Senhor, tende piedade de nós.
Jesus Cristo, tende piedade de nós.
Senhor, tende piedade de nós.
Cristo, ouvi-nos. Cristo, ouvi-nos.
Cristo, atendei-nos. Cristo, atendei-nos.

Deus, Pai dos céus, tende piedade de nós.
Deus Filho, Redentor do mundo, tende piedade de nós.
Espírito Santo, que sois Deus, tende piedade de nós.
Santíssima Trindade, que sois um só Deus, tende piedade de nós.
Santa Maria, rogai por nós.
São José, rogai por nós.
Ilustre filho de Davi, rogai por nós.
Luz dos Patriarcas, rogai por nós.
Esposo da Mãe de Deus, rogai por nós.
Casto defensor da Virgem, rogai por nós.
Nutrício do Filho de Deus, rogai por nós.
Desvelado defensor de Cristo, rogai por nós.
Chefe da Sagrada Família, rogai por nós.
José justíssimo, rogai por nós.
José castíssimo, rogai por nós.
José prudentíssimo, rogai por nós.
José fortíssimo, rogai por nós.
José obedientíssimo, rogai por nós.
José fidelíssimo, rogai por nós.
Espelho de paciência, rogai por nós.
Amante da pobreza, rogai por nós.
Modelo dos operários, rogai por nós.
Glória da vida doméstica, rogai por nós.
Guarda dos virgens, rogai por nós.
Sustentáculo das famílias, rogai por nós.
Alívio dos infelizes, rogai por nós.
Esperança dos enfermos, rogai por nós.
Padroeiro dos moribundos, rogai por nós.
Terror dos demônios, rogai por nós.
Protetor da Santa Igreja, rogai por nós.

Cordeiro de Deus, que tirais o pecado do mundo, perdoai-nos Senhor.
Cordeiro de Deus, que tirais o pecado do mundo, ouvi-nos Senhor.
Cordeiro de Deus, que tirais o pecado do mundo, tende piedade de nós.

Oremos: Deus todo-poderoso, que em vosso desígnio de amor quisestes confiar o início de nossa Redenção à guarda de São José, por sua intercessão, concedei à Igreja a mesma fidelidade em conduzir a termo a obra da salvação. Por Cristo, nosso Senhor. Amém.

Ave a São José

Ave, José
homem justo,
esposo virginal de Maria,
e pai davídico do Messias
bendito sois vós entre os homens
e bendito é o Filho de Deus
que a vós fostes confiado, Jesus.

São José,
patrono da Igreja universal,
guardai nossas famílias
na paz e na graça divina,
e socorrei-nos na hora
da nossa morte.
Amém.

(Com aprovação eclesiástica Cardeal Saldarini. Milão 19.04.1988)

Oração a São José

A vós, São José, recorremos em nossa tribulação e (depois de ter implorado o auxílio de vossa santíssima esposa), cheios de confiança, solicitamos também vosso patrocínio. Por esse laço sagrado de caridade que vos uniu à Virgem Imaculada, Mãe de Deus, e pelo amor paternal que tivestes ao Menino Jesus, ardentemente vos suplicamos que lanceis um olhar benigno sobre a herança que Jesus Cristo conquistou com seu sangue, e nos socorrais em nossas necessidades com vosso auxílio e poder. Protegei, guarda providente da divina família, o povo eleito de Jesus Cristo. Afastai para longe de nós, pai amantíssimo, a peste do erro e do vício. Assisti-nos do alto do céu, nosso fortíssimo sustentáculo, na luta contra o poder das trevas, e assim como outrora salvastes da morte a vida ameaçada do Menino Jesus, assim também defendei agora a Santa Igreja de Deus das ciladas de seus inimigos e de toda a adversidade. Amparai cada um de nós com vosso constante patrocínio, a fim de que, a vosso exemplo e sustentados com vosso auxílio, possamos viver virtuosamente, morrer piedosamente e obter no céu a eterna bem-aventurança. Amém! (Leão XIII)

Este livro foi composto com as famílias tipográficas Christiana, Segoe UI
e impresso em papel Offset 75g/m² pela **Gráfica Santuário.**